传播文书写作

钟东霖◎编著

电子工业出版社
Publishing House of Electronics Industry
北京·BEIJING

内 容 简 介

本书简明扼要地论述了传播文书写作的相关知识，详细地对新闻类传播文书、宣讲类传播文书、广告类传播文书、事项类传播文书、电子社交类传播文书这五大类传播文书的写作格式、写作技巧进行了阐述，并辅以范文模板，帮助读者更加清晰地了解每类传播文书的写作方法。本书结构合理、要点浓缩、语言精确、范文恰当、逻辑清晰。一书在手，即学即用。本书既可以帮助读者快速掌握传播文书写作的诀窍与规律，也可以作为传媒行业从业人员的培训手册。

未经许可，不得以任何方式复制或抄袭本书之部分或全部内容。
版权所有，侵权必究。

图书在版编目（CIP）数据

传播文书写作 / 钟东霖编著. —北京：电子工业出版社，2020.11
ISBN 978-7-121-39633-5

Ⅰ. ①传… Ⅱ. ①钟… Ⅲ. ①新闻学－传播学－文书－写作 Ⅳ. ①G210

中国版本图书馆CIP数据核字（2020）第179874号

责任编辑：王小聪
印　　刷：三河市鑫金马印装有限公司
装　　订：三河市鑫金马印装有限公司
出版发行：电子工业出版社
　　　　　北京市海淀区万寿路173信箱　邮编　100036
开　　本：720×1000　1/16　印张：14.5　字数：254千字
版　　次：2020年11月第1版
印　　次：2020年11月第1次印刷
定　　价：49.80元

凡所购买电子工业出版社图书有缺损问题，请向购买书店调换。若书店售缺，请与本社发行部联系，联系及邮购电话：（010）88254888，88258888。

质量投诉请发邮件至zlts@phei.com.cn，盗版侵权举报请发邮件至dbqq@phei.com.cn。
本书咨询联系方式：（010）57565890，meidipub@phei.com.cn。

前 言

在如今的信息时代，信息已经成为与物质、能源同等重要甚至比之更加重要的资源，整个社会的政治、经济和文化等之所以能够得到快速发展，得益于信息的快速传播；而传播是组织与组织之间、人与人之间以及族群之间沟通的最好的纽带和桥梁，离开了传播，人们就无法快速、有效地传递信息。

传播文书作为一种存储、交流信息的手段和工具，不仅给人们提供了全新的知识，起到了宣传引导的作用，还拓宽了人们的视野，为人们的工作、生活和重要的决策提供了参考和依据，成为启发人们行动的指南，使人们从容地面对社会中的新情况，从而实现对人生的科学管理。

轻松、高效、规范地撰写传播文书，是一项很重要的技能，对于一些从业者来说，如行政人员、文秘人员、记者、编辑等，这是一项必备的能力。即使不在新闻、传媒行业工作，我们也会经常出于各种原因接触一些传播文书。比如，丢了东西，要写一篇寻物启事；学校举行运动会，要写一篇广播稿；等等。可以说，我们的生活与工作处处离不开传播文书写作。

作为一种应用文体，传播文书写作是有"套路"可循的，只要掌握了相应的写作格式与写作技巧，即使是新手，也能独立撰写一篇规范的传播文书。

本书主要介绍了新闻类传播文书、宣讲类传播文书、广告类传播文书、事项类传播文书、电子社交类传播文书，其中，新闻类传播文书又细分为消息、通讯、深度报道、新闻评论、新闻特写、专访等。由于每类传播文书都具有自身的特点，所以在结构安排上也各有不同。在本书中，编者对每一类传播文书均从写作格式、写作技巧等方面进行了阐释，并辅以范文模板，以便帮助读者更加清晰地了解传播文书的写作规范。

　　本书结构合理、要点浓缩、语言精确、范文恰当、逻辑清晰。一书在手，即学即用。本书既可以帮助读者快速掌握传播文书写作的诀窍与规律，也可以作为传媒行业从业人员的培训手册。

　　囿于能力有限，疏漏之处在所难免，敬请同行专家及广大读者不吝指正。

编者

目 录

第一篇 传播文书写作概述

第1章 传播文书概述 3
1.1 传播文书的种类 3
1.2 传播文书的特点 4
1.3 传播文书的作用 5

第2章 传播文书的写作规范 7
2.1 明确写作意图 7
2.2 讲究客观真实 7
2.3 注意表达方式 8

第二篇 新闻类传播文书

第3章 消 息 11
3.1 消息的写作规范 11
3.1.1 含义与特点 11
3.1.2 写作格式 12
3.2 动态消息 18
3.2.1 写作技巧 19
3.2.2 范文模板 19
3.3 人物消息 21
3.3.1 写作技巧 21

          3.3.2 范文模板……………………………………22
  3.4 综合消息………………………………………………23
          3.4.1 写作技巧……………………………………24
          3.4.2 范文模板……………………………………25
  3.5 述评消息………………………………………………28
          3.5.1 写作技巧……………………………………30
          3.5.2 范文模板……………………………………31
  3.6 经验消息………………………………………………33
          3.6.1 写作技巧……………………………………34
          3.6.2 范文模板……………………………………35
  3.7 简明消息………………………………………………35
          3.7.1 写作技巧……………………………………36
          3.7.2 范文模板……………………………………36

第4章 通 讯………………………………………………38
  4.1 通讯的写作规范…………………………………………38
          4.1.1 主题要明确……………………………………39
          4.1.2 选材要精当……………………………………41
          4.1.3 结构要合理……………………………………42
          4.1.4 表达方式要恰当………………………………43
  4.2 人物通讯………………………………………………44
          4.2.1 写作格式………………………………………45
          4.2.2 写作技巧………………………………………46
          4.2.3 范文模板………………………………………48
  4.3 事件通讯………………………………………………56
          4.3.1 写作格式………………………………………57
          4.3.2 写作技巧………………………………………57
          4.3.3 范文模板………………………………………58
  4.4 工作通讯………………………………………………64

4.4.1　写作格式···65
　　　4.4.2　写作技巧···66
　　　4.4.3　范文模板···67
4.5　风貌通讯··76
　　　4.5.1　写作格式···77
　　　4.5.2　写作技巧···77
　　　4.5.3　范文模板···78

第5章　深度报道···81

5.1　深度报道的写作规范···81
　　　5.1.1　题材与视角···82
　　　5.1.2　精选素材···83
　　　5.1.3　结构的搭建···85
　　　5.1.4　叙述的方式···86
　　　5.1.5　导语要精彩···86
　　　5.1.6　结尾要有深度···87
5.2　解释性报道··89
　　　5.2.1　写作格式···89
　　　5.2.2　写作技巧···90
　　　5.2.3　范文模板···90
5.3　调查性报道··91
　　　5.3.1　写作格式···93
　　　5.3.2　写作技巧···95
　　　5.3.3　范文模板···96
5.4　预测性报道···101
　　　5.4.1　写作格式··101
　　　5.4.2　写作技巧··101
　　　5.4.3　范文模板··102

第6章 新闻评论·····104
6.1 新闻评论的写作规范·····104
6.1.1 选题的确立·····105
6.1.2 标题的拟制·····107
6.1.3 结构的安排·····108
6.1.4 写作格式·····109
6.2 评论员文章·····111
6.2.1 写作技巧·····112
6.2.2 范文模板·····114
6.3 短 评·····116
6.3.1 写作技巧·····116
6.3.2 范文模板·····117
6.4 编者按·····118
6.4.1 写作技巧·····119
6.4.2 范文模板·····121

第7章 新闻特写·····122
7.1 写作格式·····123
7.2 写作技巧·····124
7.3 范文模板·····125

第8章 专 访·····127
8.1 写作格式·····128
8.2 写作技巧·····129
8.3 范文模板·····129

第三篇 宣讲类传播文书

第9章 演讲稿·····135
9.1 写作格式·····136
9.2 写作技巧·····137

9.3 范文模板……138

第10章 广播稿……141
10.1 写作格式……142
10.2 写作技巧……142
10.3 范文模板……144

第11章 板报……146
11.1 写作格式……146
11.2 写作技巧……147
11.3 范文模板……148

第12章 发刊词……149
12.1 写作格式……149
12.2 写作技巧……150
12.3 范文模板……150

第13章 序和跋……152
13.1 写作格式……153
13.2 写作技巧……153
13.3 范文模板……154

第四篇 广告类传播文书

第14章 报纸广告文案……159
14.1 写作格式……159
14.2 写作技巧……162
14.3 范文模板……163

第15章 杂志广告文案……164
15.1 写作格式……165
15.2 写作技巧……165
15.3 范文模板……166

第16章　广播广告文案 ·· 168
16.1　写作格式 ·· 169
16.2　写作技巧 ·· 170
16.3　范文模板 ·· 171

第17章　电视广告文案 ·· 174
17.1　写作格式 ·· 175
17.2　写作技巧 ·· 176
17.3　范文模板 ·· 177

第18章　户外广告文案 ·· 179
18.1　写作格式 ·· 180
18.2　写作技巧 ·· 181
18.3　范文模板 ·· 181

第19章　网络广告文案 ·· 182
19.1　写作格式 ·· 183
19.2　写作技巧 ·· 184
19.3　范文模板 ·· 184

第20章　产品说明书 ·· 185
20.1　写作格式 ·· 187
20.2　写作技巧 ·· 188
20.3　范文模板 ·· 189

第五篇　事项类传播文书

第21章　启　事 ·· 193
21.1　写作格式 ·· 194
21.2　写作技巧 ·· 194
21.3　范文模板 ·· 195

第22章　声　明 ·· 198
22.1　写作格式 ·· 198

22.2　写作技巧···199
22.3　范文模板···200

第23章　情况说明··201
23.1　写作格式···201
23.2　写作技巧···202
23.3　范文模板···203

第六篇　电子社交类传播文书

第24章　手机短信··209
24.1　写作格式···210
24.2　写作技巧···210
24.3　范文模板···211

第25章　博　客··212
25.1　写作格式···213
25.2　写作技巧···213
25.3　范文模板···213

第26章　电子邮件··216
26.1　写作格式···217
26.2　写作技巧···218
26.3　范文模板···218

第一篇

传播文书写作概述

　　传播文书作为一种存储、交流信息的手段和工具，不仅给人们提供了全新的知识，起到了宣传引导的作用，还拓宽了人们的视野，为人们的工作、生活和重要的决策提供了参考和依据，成为启发人们行动的指南，使人们从容地面对社会中的新情况，从而实现对人生的科学管理。

第1章 传播文书概述

如今，我们正处于信息社会中。在信息社会，人类的生存和生活都离不开信息。信息成了一种十分重要的资源。

在信息社会，传播是组织与组织之间、人与人之间以及族群之间沟通的最好的纽带和桥梁，离开了传播，人们就无法快速、有效地传递信息。而传播文书作为存储、交流信息的一种手段和工具，其关注度必将会越来越高。如今，信息传播及传播文书正以其迅猛发展的势头彰显其重要性。可以这样说，在未来社会，信息经济和知识经济将会占据主导地位。

传播文书是指借助于一定的传播媒介向社会公众介绍某些人物、事件或相关知识以实现让人知晓的目的的一种专用文书。它的主要任务是针对社会和经济活动中的不同事实向公众和特定对象进行宣传、教育、鼓动、引导、解释、说明、介绍。

1.1 传播文书的种类

传播文书的种类很多，按照其内容可以划分为如下几类：

一、新闻类传播文书。新闻，是指报纸、广播、电视、网络等媒体经常使用的记录与传播信息的一种应用文体。新闻有广义与狭义之分，广义的新闻包括消息、通讯、深度报道、新闻评论、新闻特写、专访等，这些是常见的新闻体裁。狭义的新闻专指消息，它是对新近发生的有社会意义并引起公众兴趣的事实的简短客观的报道。

二、宣讲类传播文书。宣讲类传播文书是指面向特定受众宣传讲解观点、主张或事物特征的一类文书，主要包括演讲稿、广播稿、板报、发刊词、序和跋等。

三、广告类传播文书。广告类传播文书是各类企业或个人为了树立企业形象、进行产品促销和推广而使用的文书。这类文书包括广告文案和产品说明书等。

四、事项类传播文书。事项类传播文书是各级机关、组织、团体、个人为配合一段时期内的任务或工作而使用的专项宣传文书。这类文书包括启事、声明、情况说明等。

五、电子社交类传播文书。在当前的社交活动中，手机短信、博客、电子邮件等成为人们沟通交流的重要方式。尤其是文秘人员，他们需要每天处理大量的电子邮件，通过各种各样的电子社交类传播文书完成工作任务。在撰写电子社交类传播文书时，应遵循一定的写作规范和写作要求。

1.2　传播文书的特点

作为有目的地进行信息传输、信息接收和信息反馈的专用文体，传播文书具有公开性、真实性、时效性、简明性、媒介性等特点。

1. 公开性

制作传播文书，就是通过对外宣传达到一定的社会目的，收到一定的社会效益。可见，传播文书最显著的特征就是无保密要求，将相关的人、事、物、理等向公众传播，使公众了解。所以，公开性是传播文书的一个重要特点。通常，公开传播的范围越广，了解的人就越多，传播文书的影响也就越大。

2. 真实性

传播文书的真实性表现在其传播的内容必须完全真实，观点必须客观公正，不能弄虚作假、歪曲事实。传播文书必须客观真实地反映事物的原貌，用事实说话。离开了真实，传播文书就失去了根本。可以说，真实性是传播文书的生命。

3. 时效性

传播文书具有较强的时效性，即及时收集和掌握信息，及时公开报道、传播和反映事实。由于传播文书多是为了配合一定时期的任务或活动而撰写的，因此需要撰写者对任务或活动中的新人、新事、新情况、新问题、新经验等及时地予以捕捉和把握，并迅速地予以反映，只有这样才能充分发挥其作用。

4. 简明性

传播文书讲究内容精练、简明通俗。因受到经济和其他因素（如阅读需要等）的制约，传播文书的篇幅一般是有限的。特别是在"信息爆炸"的今天，无论是信息量还是信息媒介数量，都呈几何级数增长。为了使读者很快地了解传播内容的重点，获取主要的信息，并使他们的记忆方式由无意识转化为有意识，传播文书必须具有一定的简明性，即要内容简洁、中心突出。

5. 媒介性

传播文书往往需要借助电视、广播、网络、报纸等宣传媒介进行传播，把要向公众传播的信息传播出去，同时吸引公众的注意力，提高传播效率。

1.3 传播文书的作用

传播文书一般具有以下三个作用：

1. 传递信息的作用

传播文书最重要的作用，就是为公众提供信息传递的服务。传播者事先通过多种渠道获取信息，然后对这些信息进行筛选、分析，提炼观点，整理成文，之后再借助各种渠道将这些信息公开传播出去。

2. 宣教引导的作用

应用文具有宣教引导的作用，而传播文书作为应用文的一种，对思想的宣传、教育、引导自然也是它的作用之一。具体表现是通过对思想、政策、纲领、事迹、成就、经验及新事物等方面进行宣传报道，起到对公众进行提醒、鼓舞及引导的作用。

3. 咨询的作用

传播文书不仅可以为人们提供多种多样的信息和知识服务，还可以为人们的工作、生活和重大决策提供重要的咨询服务，使人们从容地面对社会中的新情况，进而作出科学的决策。

第 2 章 传播文书的写作规范

在如今的信息社会，传播文书成了信息生产、存储、传递必不可少的重要工具。那么，如何才能写出一篇出色、规范的传播文书呢？那就需要注意几个写作规范。

2.1 明确写作意图

传播文书的写作首先要明确写作意图，即写作主旨。传播文书的写作主旨必须正确、鲜明、集中，特别是新闻类传播文书。

一篇应用文，其写作主旨首先要正确，它决定着文章的质量和价值。所谓正确，即要符合党和国家的方针政策，符合有关的法律法规，符合客观实际情况，能够正确反映客观事物的本质和规律。所谓鲜明，即要有明确的看法和提法。所谓集中，即写作主旨要单一、突出，观点要明确、醒目。

2.2 讲究客观真实

传播文书的写作以传播信息为目的，所以不能像进行文学创作一样虚构内容，一定要做到客观真实、实事求是。同时，撰写时要言之有物、言之凿凿，忌华而不实、空洞无物。比如，消息必须反映事物的原貌，用事实说话，离开了事实，新闻就失去了根本；广告文案中所写的内容一定要真实、健康、清晰、明白，只有这样才能取得消费者的信任，进而激发他们的购买欲望；产品说明书中所写的内容必须真实、可靠，对产品的介绍必须实事求是、符合实际情况。总之，只有内容真实、信息可靠的传播文书才能给人们提供参考和依据，才能发挥其应有的功能。

2.3　注意表达方式

传播文书作为应用文体之一，在表达方面应该遵循应用文的写作要求，语言应准确、简明、朴实和庄重。但是，它同样需要激发读者的阅读兴趣，吸引读者的注意力，增加影响力和感染力，因此，在保证客观真实的基础上，传播文书写作还应讲究文采，具备较高的文学性，以便实现快速传播的目的。

写作者可以根据不同的题材和具体情况，采用多种写作手法，可记叙、可描写、可议论、可抒情，亦可将这些写作手法有机地结合在一起，使其共同为主旨服务，进而使文章生动传神。

关于传播文书的写作规范，本章仅概述一二，具体的写作格式、写作技巧将在相应文体中做详细介绍。

第二篇

新闻类传播文书

　　新闻，是指报纸、广播、电视、网络等媒体经常使用的记录与传播信息的一种应用文体。新闻有广义与狭义之分，广义的新闻包括消息、通讯、深度报道、新闻评论、新闻特写、专访等，这些是常见的新闻体裁。狭义的新闻专指消息，它是对新近发生的有社会意义并引起公众兴趣的事实的简短客观的报道。本篇将对多种新闻类传播文书的写作格式、写作技巧及范文模板做详细的介绍。

第3章 消 息

3.1 消息的写作规范

消息是以最直接、最简练的方式报道新闻事实的一种新闻文体。它以记叙为主要表达方式，是使用频率最高、使用范围最广的新闻体裁。

3.1.1 含义与特点

消息，是对新近发生的有新闻价值和社会意义的事实的迅速及时、简明扼要的报道。因其在新闻诸文体中使用频率最高、使用数量最多，是新闻报道中最常用的文体，故人们常把消息称为新闻。

需要注意的是，不是所有新近发生的事实都可以成为消息，能成为消息的事实必须具有新闻价值，或者具有能够满足社会对消息需要的特质，即代表性、新鲜性、趣味性。

作为一种最讲究实效的宣传形式，消息一般具有以下几个特点：

一、内容新鲜，有价值。所谓新鲜，即消息所报道的是新鲜事、新人物、新动态、新风尚、新知识、新问题等，而且这些还必须是有意义、有价值、能给人以启迪、有指导作用的事物。因为，消息只有内容新鲜，才能引起公众的注意。然而，那些一味迎合猎奇心理的报道，是不可取的。

二、要素齐备，真实准确。消息通常要具备新闻六要素：人物、时间、地点、事件、原因、经过。真实是消息的生命，即所写的人物、时间、地点、经过不能虚构，每个细节都要准确无误。而且，作者对事实的分析和判断，要符合客观事物的本来面目。

三、简明扼要，篇幅短小。简短是消息区别于其他文体的主要标志。所谓简短，就是"三言两语，记清事实，寥寥数笔，显出精神，概括而不流于抽象，简短而不陷于疏漏"。语言要简洁利落，内容要集中精练。简短是消息的鲜明特色，也是社会生活的需要。只有内容简短，传播媒介才能大量报道，公众才能了解更多的信息。

四、报道迅速，时效性强。由于消息是对稍纵即逝的客观现象的及时记录，所以要报道迅速。消息报道的速度迟缓会降低消息的价值，使"新闻"变成"旧闻"。因此，对于新人、新事、新情况、新问题，要敏锐地发现，尽快地了解，迅速及时地反映。

根据写作体裁的不同，消息可分为动态消息、综合消息、经验消息、述评消息等；根据反映对象的不同，消息可分为人物消息、事件消息等；根据篇幅长短的不同，消息可分为长消息、短消息等。

3.1.2 写作格式

在弄清楚消息的写作内容之后，接下来该讨论"怎么写"这一问题了，即如何安排消息的结构。实际上，消息的结构比较固定、简单。具体来说，消息一般由标题、导语、主体、背景、结语组成；导语、主体、背景、结语组成了消息的正文。

1. 标题

标题可以称为消息的"眼睛"。如果标题拟得好，则可以吸引公众的注意力，反之，则会失去阅读兴趣。消息的标题必须简明扼要，高度、精准地概括消息的内容。同时，一定要画龙点睛，不可不痛不痒，更不可语义含糊。

消息的标题分为单行标题和多行标题。

单行标题只有一个主题，简洁明了，内容高度概括，标题鲜明、醒目、易记。

多行标题包括主题（也叫正题、母题）、引题（也叫眉题、肩题）、副题（也叫子题）。多行标题相互之间一定要搭配好，相互配合，相互补充，各行题目发挥各自的作用，相得益彰。

主题主要用来概括消息的主要内容和思想，字号最大、最醒目。一则消息可以没有引题、副题，但一定要有主题。

引题主要用来点明消息的意义或交代消息报道的背景，起到烘托气氛的作用。引题的位置在主题的上方，字号比主题的小。

副题是主题的补充，位置在主题的下方，字号也比主题的小。

那么，如何撰写消息的标题呢？

消息的标题要保证准确、鲜明、生动、新鲜和简练。准确是撰写消息标题的基本要求。准确，就是要求所拟标题能够正确地反映所报道事实的本质或精神，恰如其分地揭示其中心思想。鲜明，是指标题要体现出鲜明的政治倾向，要站在党的立场上，代表人民群众的利益，明确地表示提倡什么、反对什么。生动，是指所拟标题要尽量活泼一点、形象一点，可以采用拟人、拟物、比喻等修辞手法，也可以选用富有表现力的成语、典故等素材。新鲜，是指用别具一格的语句将消息中新的内容、新的思想在标题中体现出来，避免标题的雷同化和一般化。简练，是指所拟标题的行数、字数不宜过多，要做到言简意赅，否则会使人感到冗长沉闷。

2. 导语

导语要用简明生动的文字写出消息中最重要、最新鲜的内容，鲜明地提示消息的主题思想。若导语写得好，则会吸引人们阅读，反之，则会让人感觉索然无味。好的导语一定抓住了消息的核心，准确地概括了消息的内容，同时采用合适的表述方式。

那些篇幅较长、有若干段落的消息，往往第一段话是导语；而那些篇幅较短、不分段落的消息，往往第一句话是导语。另外，那些文字很少的消息，一般没有导语。

导语有两种类型：一种是直接性导语，即直接写出事实的核心的导语；另一种是延缓性导语，即所报道的不是正在发展中的、变化中的或突发性事件的导语，它通常用来设置某种现场或营造某种气氛，这种导语多用于软新闻。

那么，如何写好导语呢？导语的写作有一定的规律可循。一般来说，导语应该包括时间、地点、人物、事件等要素。下面介绍几种常用的导语写作形式。

（1）概括式导语

概括式导语就是对消息的内容进行浓缩和概括，提炼出主要内容的导语。它的优点在于能够让读者一开始就掌握消息的梗概或要点。概括式导语适用于那些内容较为复杂，主题不是很鲜明、突出的消息。

概括式导语一般在倒金字塔式的新闻写作中用得最多。

（2）描述式导语

描述式导语就是以简要描述事件、人物、场景为主的导语。它的优势在于能够很好地展示现场环境，烘托气氛，给人以身临其境的感觉，增强消息的吸引力。需要注意的是，这种导语的描述不可过于细腻，否则容易变成特写或通讯。

好的描述式导语应该为文中写到的某个人物，文中记述的某个事物、某个激动的状态，或者作者想要抒发的某种感受，勾勒出一幅清晰的画面，语言要生动、形象、具体。

（3）对比式导语

这种导语突出的是报道的新闻事实与其他事实的对比，优点在于通过对比，可以更加凸显所报道新闻的价值，进而给读者留下较为深刻的印象。需要注意的是，报道的新闻事实与所对比事实的反差要大，反差越大，对比的效果越好。

（4）评论式导语

评论式导语是在描述新闻事实的基础上，对事实做一些恰到好处的评价的导语。它的优点在于能够更好地揭示新闻事实所蕴含的价值和意义，从而更好地对公众进行思想和舆论方面的引导。

另外，还有号召式导语、摘要式导语、综合式导语、解释式导语等。

在写作导语时，必须抓住最重要的新闻事实。导语既不能写得空洞无物，也不能把次要的内容和细节加进来。怎样抓住最重要的新闻事实呢？一般要从新闻的六要素入手，抓住最有新闻价值的要素。通常情况下，时间、人物、地点、事件这四个要素是最基本的要素。

导语特别讲究可读性。由于导语担负着吸引读者的重要任务，而且它面对的读者是不同年龄、不同性别、不同职业、不同文化层次的人群，因此导语要满足读者广泛的需求，尽可能进行通俗化的表述，增强语言的形象性。

3. 主体

导语之后就是主体。主体是消息的主干，是对消息具体全面的阐述，展现了其主题思想。导语只进行概括性的阐述，只涉及重要的新闻事实，而主体则会补充导语没有涉及的事实，使新闻要素更加完备，有利于读者更好地了解新闻事实。主体通常会起到两方面的作用：一是深化导语，即对导语进行解释和展开论述，使读者对导语所论及的新闻事实有更加清楚和更加具体的了解；二是对内容进行补充。

常见的主体结构有倒金字塔式结构、时间顺序式结构、新华体式结构、提要式结构、问答式结构、华尔街日报体式结构等。

（1）倒金字塔式结构

倒金字塔式结构是一种头重脚轻的编排形式，将最重要、最有价值的材料放在篇首展示，而将最不重要的材料放在篇末，从前往后，材料的重要程度递减，可以这样理解：最重要→重要→次要→更次要。

倒金字塔式结构打破了记叙事件的常规表现形式，从总体上看属于一种倒叙形式，其优点表现在几个方面：其一，便于读者迅速了解、掌握新闻的精华，满足其渴望尽快获取消息的心理；其二，便于传播者迅速抓住读者的注意力；其三，便于编排、删改；其四，便于快速阅读。倒金字塔式结构的缺点在于形式单一，缺少文采，无法很好地体现个性，而且结语力度小，给人一种有气无力的感觉。

这种结构适用于时效性强、事件单一的突发性消息，不适用于那些故事性强的非事件消息。

（2）时间顺序式结构

与倒金字塔式结构相反，它是一种按照时间顺序编排新闻的写作形式，即把先发生的事实排在前面，后发生的事实排在后面，因此也被称为金字塔式结构。

这种结构的优势在于条理性较强，逻辑清晰，适用于那些故事性强、情节比较曲折的新闻；劣势在于新闻开头比较平淡，缺乏吸引力，而且精彩的情节容易淹没于长篇的叙述之中。

（3）新华体式结构

这种结构的写法是，首先，把事件中最重要的部分在导语中简明地体现出来。其次，在第二段进一步具体阐述导语中的重要部分，使读者不至于有心理落差。可见，第二段实际上是一个过渡性的段落。最后，按照事件发展的时间顺序把"故事"写完。

（4）提要式结构

这种结构是把新闻中最重要的消息浓缩到导语中，然后将要展示的内容提炼出来，分条列项地表达出来，可以用数字分列展现，也可以用"——"引出各个要点。

（5）问答式结构

这种结构就是以一问一答的形式展现新闻内容，多用于记者招待会的报道。撰写时，需要注意两个方面：一、报道的内容要忠于问答者的原意；二、报道的内容要有连贯性及逻辑性。

（6）华尔街日报体式结构

华尔街日报体式结构主要适用于非事件类题材的新闻。其写法是，首先以一个具体的事例（小故事、小人物、小场景、小细节）开头，然后自然过渡，进入新闻的主体部分，接下来将所要传递的新闻大主题、大背景和盘托出，集中力量深化主题，结尾再呼应开头，回归到开头的人物身上，进行主题升华。这种写法从小处落笔、向大处扩展，感性、生动，符合读者认识事物从具体到抽象的过程，颇受读者青睐。

华尔街日报体式结构一般由四部分组成：第一部分，人性化的开头；第二部分，过渡衔接，即从人物与新闻主题的交叉点切入，将真正的新闻内容推送到读者眼前；第三部分，展开论述，即集中而有层次地阐述新闻主题；第四部分，回归人物，即重新将人物引入新闻，交代人物与新闻主题的深层关系。

无论采用哪种结构写作，主体部分的写作都应遵循以下三个原则：

第一，围绕主题、扣紧导语。消息的主体部分所涉及的内容较多，不可能一一罗列，因此要紧紧围绕导语中确立的主题思想挑选素材。或许有些素材很感人、很动听，但若与主题无关，则要忍痛割爱。

第二，线索清楚、层次分明。消息的主体部分需要叙述的内容较多，但不能因为内容多,就忽视了线索的条理性和层次的安排。为了避免出现结构混乱、层次不清的现象,作者在动笔之前要安排好材料的次序,力求层次清晰、结构合理。

第三,以记叙为主,用事实说话。消息是对事实的报道,事实是消息的基础。在撰写消息时,一定要选择典型的、有说服力的事实来表达主题。对事实的表述主要通过记叙的表达方式来实现。消息以记叙为主,但也不排斥使用其他表达方式,可以在使用各种记叙方法的同时,适当穿插描写、抒情、议论等表达方式。比如,为了增强消息的指导性和战斗性,在叙述事实的基础上,可以使用画龙点睛式的议论;为了增强消息的感染力,可以进行生动形象的描写。

4. 背景

所谓背景,是指新闻发生的历史、原因和环境。背景说明新闻发生的具体条件、性质和意义。背景是为充实新闻内容、烘托和突出主题服务的。

背景是消息的从属部分,一般穿插在消息的主体部分中,有时也穿插在导语或结语中。

消息的背景一般由三类材料组成:一是对比性材料,即对报道的事物进行前后、正反、今昔等各方面的对比,用以突出所报道内容的重要意义的材料;二是说明性材料,即那些介绍政治背景、地理环境、历史演变、思想状况、生产面貌、物质条件等的材料,用以说明事物产生的原因、条件和环境;三是解释性材料,即对人物的出身、经历,产品的性能、特色,以及专业术语、技术性知识等做必要的介绍或解释时所用的材料。

5. 结语

消息的结语是消息的最后一句话或最后一段话。好的结语能加深读者对主要事实的感受,使读者得到更多的启发和教育。结语的写法也是多种多样的,常见的有以下几种:

一是小结式。对消息的内容加以总结,使读者更加明确报道这个消息的目的。

二是启发式。不把话说尽,而是留有余地,启发读者去回味、思考。

三是号召式。在消息所报道的事实基础上发出号召,引起读者的响应和共鸣。

四是展望式。指明事件发展的趋势，激励、鼓舞读者。

有些消息没有结语，这是因为在主体部分已经将内容全部交代清楚了，无须再写结语。

3.2 动态消息

动态消息，是一种准确、及时地报道新近发生的或正在发生的国内外重大事件、新闻事实的应用文体；它是最常见的消息类型和最能鲜明、直接地体现新闻特征，及时传递信息、沟通情况的一种消息体裁；它是消息中报道量最大、时效性最强的一种体裁，也是最受读者欢迎的新闻体裁之一。

动态消息的题材范围很广，包括政治、经济、文教、体育、军事、科技、社会生活等领域。

按照题材的性质，动态消息可分为硬新闻和软新闻两大类。

硬新闻属于事件消息，主要报道国内外的重大事件，诸如政治事件、军事冲突、外事活动、经济动态、自然灾害、各种事故等。这类事件有的是突发性的，有的是事物发展进程的飞跃阶段，具有明显的突变特征。由于这类事件对人类的生产生活有重大影响，因此报道这类事件的消息也是最引人注目的。硬新闻的时效性较强，报道要求迅速及时。另外，由于其文笔庄重，格式较为固定，内容比较严肃，因此读者在阅读时需要更加集中注意力。

软新闻属于非事件消息，主要报道社会生活中的新气象、新变化、新成就、新经验、新人物等。软新闻的语言通俗，注重趣味性。它没有明确的时间限制，多属于延缓性新闻，无时间的紧迫性，主要用于帮助读者开阔眼界、增长知识、陶冶情操。

根据事件所发生的时间，动态消息大致可分为三类：一是完成式报道，即对新近发生的事件所进行的全程报道；二是进行式报道或连续报道，即对处于变动中的具有一定连续性的事件的报道；三是预告式报道，即对将要发生的事实的报道。

动态消息比较鲜明集中地体现了消息的特征与优势，其突出特点是文字简短、报道及时、内容新鲜。动态消息的内容比较严谨，且一事一报，让读者在读过报道后，既能感受到每天都有值得关注的新鲜事，又能感受到时代脉搏的跳动。

3.2.1 写作技巧

在撰写动态消息时，可按照消息的格式写作，一般由标题、导语、主体、背景和结语组成。

动态消息的标题要尽量吸引人，拟定标题的时候要抓住消息的核心，用尽可能精简的语言将其概括出来，以突出主题。若拟定多行标题，则标题之间要虚实结合、互为补充，且语言要言简意赅、意蕴丰厚、具有感染力。

撰写动态消息最基本的要求是客观叙事、落笔于动，即在简短的文字中舒展自如地叙述新闻事实。同时，要尽量写出新闻事件的现场感，让读者有种身临其境的感觉，努力提高其对所报道的人物或事件的关注度。

导语是消息的"窗口"，动态消息导语的写作要求是简短扼要，干净利落，不拖泥带水。

在撰写动态消息时，要抓住主要特点，不必求全。换句话说，就是把笔墨集中落到个性特点上，"以少胜多"。

消息主要以事实说话，必要时可以适当发表一下议论，但一定不要多，而且要适当，要有感而发。

需要特别注意的是，动态消息的报道虽然要迅速及时，但是在涉及重大利益，特别是国家利益时，一定要谨慎，要等条件允许后方可报道。

3.2.2 范文模板

23年圆梦，福建晋江水流进金门

本报讯（记者 刘益清 吴洪 刘深魁）"来水了！来水了！"5日上午，随着来自福建晋江，穿越约28公里陆海输水管道的碧水，在金门田埔水库喷涌而入，3000多名围观的当地民众欢呼雀跃。

"金门缺水的历史一去不复返了，这是金门发展史上的一件大喜事！"专程赶到晋江龙湖观摩通水现场会的台中市金门同乡会理事长蔡少雄，兴奋之情溢于言表。

上午10点，晋江龙湖岸边的通水现场。随着与会领导、嘉宾共同按下启动按钮，一股股源自泉州母亲河晋江的清澈水流，经过龙湖南岸晋金供水公司泵站机组加压抽水，源源不断流向通往金门岛的陆海输水管道。2分钟后，这股清水流入金门田埔水库，宣告晋江水成功直供金门。

这是一个历史性的时刻！

金门与晋江，隔围头湾相望，最近处仅5.6海里。长期受困于资源性缺水的金门民众，深怀从大陆引水入岛的梦想。对此，习近平总书记在福建省委、省政府工作时，就十分牵挂金门同胞的饮水用水问题，对福建向金门供水工作，从提出论证到具体措施，多次部署、亲自推动，体现了为台湾同胞谋福祉、办实事的真挚情怀。1995年，两岸提出从福建向金门供水的构想。两岸相关部门和专家曾提出了从厦门、泉州等地向金门供水等多个方案。最后，由晋江向金门供水的方案获得各方认可。

23年来，经双方多次商谈协作，金门供水工程持续推进：2015年7月，福建与金门签署供水合同；2015年10月，大陆段率先开工；2017年11月，海底管道全线贯通；2018年5月，双方进行联合测试，具备通水条件。

为让金门同胞早日喝上家乡水，从国台办、水利部到福建省、泉州市、晋江市各相关部门和群众，均全力支持。晋江龙湖镇党委副书记施纯玺表示，龙湖是金门供水工程的取水口，工程建设从征迁起，群众就积极保护水源地，龙湖水质常年达到Ⅱ类标准。

供水工程日设计流量3.4万立方米，远期可达到5.5万立方米。福建水投集团副总经理朱金良表示，将继续做好工程的维护管理工作，确保24小时实时监测水质水量，让金门同胞喝上安全优质的家乡水。

"盼了23年，终于迎来大陆的清水！"在金门接水仪式现场，金门自来水厂厂长许正芳表示，通水后该工程可满足金门未来30年中长期发展用水需求，并间接改善地下水枯竭与湖库水质不佳等问题，不仅造福民生，更有助于金门产业发展。

金门县民意机构负责人洪丽萍表示，通水完成了两岸民众的历史心愿，金门人感恩大陆实实在在的善举，将继续与大陆手牵手、心连心，希望今后两岸交流之路越走越宽。

（本文引自2018年8月6日《福建日报》）

3.3　人物消息

人物消息，是以消息的形式报道具有新闻价值的、反映特定人物的事迹和行为的一种应用文体，是报纸、广播、电视中使用得最广泛的一种新闻体裁。人物消息有报道单个人物的，也有报道群体的，其中，报道单个人物的居多。

人物消息包括两个要素：一是人物，二是事件，两者缺一不可。大多数消息都是以事件为中心的，而在人物消息中，人物成了消息的中心，人物不但形象生动、个性鲜明，而且在承载思想内涵方面比事件占有更重要的地位。需要注意的是，无新闻事实的人物不能成为人物消息的主角，人物消息报道的必须是有新闻事实的人物。

人物消息通常篇幅不会太长，内容、主题单一而集中，只选取人物的某种行为或某个侧面，突出人物形象即可。换句话说，人物消息写作要抓住人物的某种行为或某个侧面进行特写和再现，力求反映人物的思想和精神面貌。

3.3.1　写作技巧

在撰写人物消息时，可按照消息的写作格式来写，但它在写作手法上具有自己的独特之处：

人物消息的标题要以所报道的事实为基础，在高度概括和提示新闻内容的前提下，把最基本、最主要的事实告诉读者，所揭示的事实与新闻内容要完全一致，要有内容、有事实、有新闻，让读者一目了然。

人物消息常常用一个概括式导语开头，点出部分事实要点，或者从生动的情节、场面、引语入笔，把真正最重要、最精彩的内容放在主体部分。

人物消息的材料应以"精"见长，即在选材上要注意"一事显人"。也就是说，只选择被报道者最具典型性的一件事，抓取被报道者生活中具有新闻性的一两个场面或镜头，充分地展示其生活的横断面。一个先进人物的事迹是较多的，而且往往涉及各个方面，因此，"面面俱到"的写法是不可取的。

人物消息常以白描或特写为主，轮廓分明，线条粗犷，且笔墨有现场感、真实感、形象感。由于人物消息的信息量大，因此在写作时要言简意赅。人物消息往往通过对场景的描摹和勾勒，烘托人物的内心世界，进而凸显人物的形象。

在撰写人物消息时，要注意突出人物，以人统领事，以事彰显人，不要让人淹没于事件中，将人物消息变成人物通讯。人物消息可以写正面人物，也可以写反面人物，但以写正面人物为主。为增强人物的影响力和感染力，人物消息常常故事化。

人物消息要有细节描述。人物必须靠细节才能写活，如果只进行概括性的介绍，人物就会干巴巴的，形象不立体。

言行是人物内心思想的反映。在撰写人物消息时，要突出人物的言行，全力捕捉能彰显人物品行的语言和动作，使其更好地为主题服务。

人物消息的时效性很强，通常必须是现在进行时或者现在完成时。这就要求撰写人物消息要迅速及时。越及时，效果越好；反之，效果越差。

3.3.2　范文模板

袁隆平：90岁时要攻关亩产千公斤

据新华社电（记者　周勉）7日，在首届中国杂交水稻大会上，袁隆平表示，到90岁时还要向亩产一千公斤攻关。9月7日，是袁隆平80岁生日。

袁隆平：没有遗憾

精神矍铄的袁隆平，心态更是丝毫不见衰老。记者问他，研究了一辈子的杂交水稻最大的欣慰是什么，他说，是看着杂交水稻的产量一直在稳步上升，看着中国的杂交水稻播撒到世界的许多国家。

"有什么遗憾吗？"

"没有遗憾，只有追求！"曾有人形容他是"洞庭湖的老麻雀"，他觉得这个称谓还不算贴切，"我是太平洋上的海鸥"。

在7日的大会主题报告上，袁隆平表示，超级稻专用肥加上超级杂交稻是一对如虎添翼的组合，2015年亩产900公斤的第三期目标也因此很有可能提前实现。

国内有一支强大的技术团队

"超级稻专用肥2009年冬到2010年春在三亚的试验结果表明，比常规施肥方法增产22%。"袁隆平说，这种增产效果是综合性的，即株高、穗数、粒数、粒重均有所提高。2010年在湖南溆浦的测试产量已经达到每公顷15.9吨。

这次大会主题是加快杂交水稻科技创新。袁隆平表示，目前国内拥有一支强大的技术团队，国家发改委提出在2020年增产500亿公斤粮食的计划，按照水稻占40%的比例，即增产200亿公斤计算，从技术角度说，这个任务可以完成。

（本文引自2010年9月8日《新京报》）

3.4 综合消息

综合消息，也称综合新闻，属于概括性报道，是一种重要的消息类型。顾名思义，综合消息不是一事一地式报道，它是一种报道面广、材料丰富、时效性不强的非事件性新闻。综合消息反映的是全局性的情况、成就、趋势、动向和问题，通常围绕一个中心来进行，内容为不同地区、不同部门或不同领域、不同行业中有共性的新闻事件。

综合消息按类型可分为横向综合消息和纵向综合消息。横向综合消息是指同一时间段内发生的多个有共性的新闻事实，这些新闻事实之间通常是并列关系，主题统一。纵向综合消息是对一段时间内某些单位、某些部门开展的活动或工作所取得的成果的报道，它通常反映了事物发展变化的阶段性，所报道的各个新闻事实之间多为递进关系，每递进一层，主题也就深化一层。此外，撰写者也可以将横向综合消息和纵向综合消息结合起来写，这种消息类型称为纵横结合综合消息。

综合消息具有以下三个特点：

一、报道面广。综合消息的重要特点是报道面广。要想取得应有的传播效果，选取的报道材料一定要典型、翔实、全面，既要有具体事实，也要有全局的概况。材料要能充分说明问题，以便读者了解、接受。

二、时空跨度大。从时间的角度来说，综合消息多为近期一定时间段内发生的新闻事实，时效性不是很强，时间跨度相对较大。同时，空间跨度也较大，可以是一定空间范围内（不同地区、不同单位）的新闻事实。

三、主题统一。虽然综合消息报道的是多个新闻事实，但只有一个统一的主题，反映的是某个"面"的问题，如某种社会现象、社会问题、社会状况，某行业、某领域的发展状况及其存在的共性问题等。

3.4.1 写作技巧

综合消息的写作格式和其他消息类型的写作格式类似，也由标题、导语、主体、背景和结语组成。

综合消息的观点要突出。由于综合消息的报道面广，所涉及的材料多，因此撰写者要注意加强对观点的提炼。观点要突出，要能充分反映主题，不能含混不清、表意不明。材料要能说明观点，支撑观点，与观点相统一。

由于综合消息所涉及的材料较多，因此在撰写时要注意点面结合，以点带面，概括性叙述和具体叙述交叉进行，力争把问题说全面、说清楚、说到位。其中"点"要具体、典型，有力度、有锋芒，"面"要简练、有概括性。可以由一"点"引出其他"点"，这些"点"再一起反映"面"；也可以多"点"并列，一起反映"面"。

在撰写综合消息的正文时，如果是横向综合消息，则其基本结构为总分式，常常以概括式导语开头，后面并列若干具体的新闻事实。背景穿插其间，结语多为总括性的语句。主体中的新闻对象既可以按地区并列，也可以按单位并列。如果是纵向综合消息，则其主体中的新闻事实属于递进关系。撰写者既可以按因果关系来写，也可以按时间顺序来写，还可以由表及里、层层递进地展开论述，每递进一层，对主题的揭示和深化也就深入一层。

综合消息不应空讲道理或者简单地堆砌材料，而应既有广度又有深度。综合消息是从大处着眼的，是对不同地区、不同部门，或不同领域、不同行业中有共性的新闻事件的报道，因此其广度肯定有，要注意的是要增强其深度。撰写者可以对新闻事件深入分析，对新闻观点展开论述，这样，综合消息就有了深度，有了较强的宏观性和指导性。

消息以语言精练简洁为上乘。撰写时，要字斟句酌，反复锤炼，必要的情节要交代清楚，不必要的话一句不说，力求每字每句承载尽可能多的信息，做到言简意赅。

3.4.2　范文模板

范文模板一：

豫南庄户纷纷举行交接仪式
取下神像挂地图
上蔡县新华书店说，农民一年买走17500幅

本报讯（通讯员　李钧德　记者　王方杰）东黑河是豫南一个只有100多户人家的小村庄，在县级以上的地图上从来不见踪影。但在当地人觉得最神圣的中堂位置，却有20多户农家取掉神像挂上了各色各样的地图。

东黑河位于河南省上蔡县东北部，地势低洼，村民们因十年九涝一贫如洗，在茅草屋里度日月。不傍城不邻镇，谁要跑一趟五六十里外的县

城，都是轰动全村的新闻。东黑河穷，东黑河闭塞，东黑河又很无奈。除了偶然外出看见别处的繁华产生瞬间的梦想，就是在家里挂一幅全神图。每逢春节，一把香火，几个响头，图的是万事如意，生财有望。然而，神仙求遍了，东黑河依然穷得叮当响，过着光嫁姑娘不娶媳妇的苦日子。

当外面的风终于吹来时，东黑河人开始探头探脑地闯世界。1986年春节过后，最远只到过县城，家里从未满过仓的李满仓，带着俩刚成年的儿子，拿着从当民办教师的邻居家借来的一幅河南省地图，徒步北上郑州。凭着庄稼人的吃苦耐劳和诚实守信，三年时间，他们学会了修理钟表家电的全套技术。到沿海贩了一阵手表零件，瞅准农村黑白电视销售的空档，建起了一个覆盖几个地市的家电经销网络。1989年春节，拥有10万元家产的李满仓，在全村第一个用地图换下了自己敬了几十年的全神图。

李满仓这一惊世骇俗的举动，让村里的年轻人彻夜难眠。几天之后，他们不约而同地进行了神像和地图的"交接"仪式。从此，广州、大连、北京、新疆，到处都出现了三五结伴的东黑河人。地图把东黑河与外面的世界拉得越来越近，东黑河人的腿也越来越长。每到农闲季节，80%以上的青壮劳力都会拿着一张地图走出去，做木工，搞建筑。他们用勤劳的双手盖起了一座座钢筋水泥或红砖青瓦的楼房，挣来了儿女的学费，赡养了自己的老人。

青年木工李列到大连奋斗了几年后，在那里办起了自己的家具商场，被村民们戏称为"东黑河的常驻大使"。

36岁的李世英从走村串户替公家收粮，到成立自己的农副产品购销公司，走南闯北，手头总不离一本地图册。生意越做越大，他们家的地图也由县、地区到省次第更换，今年换了第四次，变成全国地图了。在他家的《中国政区图》上，有三分之一的省份用铅笔、钢笔、圆珠笔画上了各种记号。他说："咱也知道啥叫地大物博，东黑河到底在哪里了。凡是图上画过的，我都去过了。总有一天，我会把地图上的所有省市都画上几道。"

年过花甲的李陈氏，尽管没上过学，没学过地理，但她认识地图上的北京、新乡、西安、上海，儿行千里母担忧，她的4个儿子在那些地方打工或工作。看着地图上一片黄绿色包围着的西安，好像儿子就在身边。

东黑河周围的农民，也开始喜欢地图了。上蔡县新华书店说，1993

年，农民从他们那儿买走了17500幅地图。

（本文引自1994年4月26日《中国青年报》）

范文模板二：

多国举办活动纪念马克思诞辰200周年

新华社北京5月5日电 综合新华社驻外记者报道：今年5月5日是马克思诞辰200周年。近日，多国举办多种形式的纪念活动，缅怀这位"千年第一思想家"，分析探究马克思对世界产生的广泛而深远的影响。

英国首都伦敦5日举行国际研讨会，纪念马克思诞辰200周年。来自中国、古巴、德国、南非等国的马克思主义研究者参加了由英国马克思纪念图书馆主办的这一活动。中国社会科学杂志社副总编罗文东在活动上发言。

与会的伦敦大学亚非学院经济学教授本·法恩在接受新华社记者采访时表示，马克思在一百多年前提出的理论意义重大、影响深远，他对资本主义的剖析至今依然值得西方人学习。

爱尔兰梅努斯大学4日举行一场纪念马克思诞辰200周年的国际研讨会。来自美国、英国、德国、意大利、西班牙等10多个国家的专家学者，以及当地研究人员、国会议员和社会活动家等，共200余人参加会议。

据组织者介绍，梅努斯大学是一所拥有200多年历史的国立大学，此次研讨会是梅努斯大学历史上举办的规模最大的有关马克思的研讨会。研讨会采用大会发言、分组讨论和圆桌会议等形式进行。会议期间，与会人士就马克思对世界产生的广泛而深远的影响进行深入探讨。

位于奥地利首都维也纳城区北部的卡尔·马克思大院，1930年落成，这座庞大的红色住宅是维也纳唯一一处以马克思命名的建筑。"马克思在维也纳"特别展日前在这里开幕。展览通过照片等介绍了1848年马克思来到维也纳了解工人运动的短暂而珍贵的历史。据策展人维尔纳·鲍尔介绍，如今对奥地利左翼政党和思潮流派等，马克思主义依然发挥重要影响。马克思对资本主义的分析和批判，在当下依然具有现实意义。

俄罗斯国有企业俄罗斯邮政4日发行20多万张马克思诞辰200周年纪念邮票。该邮票以红色为底色，票面正中图案是马克思半身塑像，邮票左下角印有马克思的姓名和生卒年代。据悉，俄罗斯邮政为上述邮票配发了纪念封和纪念邮戳，邮票爱好者可在指定邮政网点为该邮票加盖纪念戳。

俄罗斯科学院哲学研究所学术带头人达维德·焦哈泽在接受新华社采访时说，当今社会的主要发展方向符合马克思主义的相关论断，"马克思主义对于研究解决我们所面临的诸多世界性难题具有非常重要的指导意义"。

德国财政部长肖尔茨4日宣布，为纪念马克思诞辰200周年，德国发行一款纪念邮票。此款邮票以马克思1875年的一张肖像为创作基础，以黑色平行线条的方式描绘。此邮票面值70欧分，发行量380万张，目前已在德国邮局公开发售。

曼彻斯特是马克思生前留下不少足迹的地方，他曾经常到访这座当时的英国工业重镇。英国曼彻斯特领区的中国留学生代表、学者以及孔子学院教师代表等4日在曼彻斯特参加纪念马克思诞辰200周年的座谈会，通过学习交流，深入认识马克思主义这一不断发展、开放的理论。（参与记者：张代蕾、桂涛、栾海、郑扬、袁帅、张琪、刘向、张家伟）

（本文引自2018年5月6日新华网）

3.5 述评消息

述评消息是介于新闻和评论之间的一种消息类型，又称新闻述评或记者述评、解释性新闻。它以叙事为基础，在叙事中进行评论，要求有述有评，夹叙夹议，叙事概括扼要，评论一针见血。述评消息的内容既可以是国内外政治、经济、军事、科技、文教等方面的情况，也可以是地方某一阶段的活动经验、工作教训或新情况、新问题，还可以是社会中的一些新思想、新思潮、新形势、新时尚。

述评消息具有以下两个特点：

一、很强的评论色彩。无论是动态消息,还是综合消息,都侧重于"述",而少于"评",即使有评论,也只是三言两语。述评消息却侧重于"评",虽然"述"的内容所占的比重较大,但是"评"的分量更重,具有很强的评论色彩。夹叙夹议,读后让人既有新知,又有新悟,这是述评消息的突出特点。

二、很强的针对性。述评消息的重点不仅在于讲述了什么事,更重要的是通过事情揭示了什么内涵,说明了什么问题,以及该如何对待,因此,它的针对性很强。

根据消息的内容,述评消息可分为事件述评、工作述评、思想述评、形势述评等。

事件述评,即当一个新闻事件发生之后,如果报道者觉得只客观地报道事件的过程和前因后果,不能使读者清楚地认识这个事件的真正本质,那么报道者就可以进行议论,一面报道事实,一面指出事件的性质、特点和意义。

工作述评,就是对某个行业、某个部门的主要工作现状进行述评的消息。它对工作中出现的新情况、新问题进行深入的分析研究,提出新的意见和建议,以帮助有关单位发现问题、制定策略、采取措施,从而使工作完成得更好。

思想述评,就是对当前具有倾向性的思想状态进行述评的消息。在一个特定时期内,往往会有一种普遍性的思想倾向,它影响着人们的行为,显示着某种动向。有可能这种思想倾向是积极的,那就应该加以肯定;也有可能这种思想倾向背后隐藏着不易发现的消极因素,若任其发展,则可能造成一定的危害。这时,报道者就有义务以事实为依据,进行深入探讨,帮助读者明辨是非。

形势述评,就是对国际或国内的政治、经济、军事、外交等方面的形势进行述评的消息。它的特点是视野开阔、很有气魄,既着眼于当下,又有一定的前瞻性和预测性。形势述评写作的目的是帮助读者对其普遍关心的重要领域的当前状态、发展前景有一个准确、全面的认识。

3.5.1 写作技巧

在写作格式方面，述评消息与一般的消息没有区别。

在写作技巧方面，述评消息的写作要注意下面几点：

一、述评消息在题材的选择上要有针对性，要精心挑选新闻性强、评论价值高的题材。

二、述评消息的标题应概括消息的主题，高度浓缩正文的内容。同时，述评消息的标题一定要具体、生动，越具体的标题越能更好地突出主题，生动的标题更能增强标题的吸引力，提高关注度。因此，撰写者可以适当采用一些修辞手法，如拟人、对比等。

三、述评消息的正文主要具体描述报道的人物或事件。结语多对所报道的人物或事件进行总体的评论，表达自己的见解、建议或者情感。

四、在述评的立足点上，要视野开阔，总览全局，分析矛盾，研究问题。

五、述评消息的选材要抓那些有普遍意义、有代表性的事物或现象，以小见大，突出主题，深化思想。在选材上，要打破一事一报的狭隘圈子，尽量做到面广质高。在选取材料后，要对大量的材料进行整理，归纳、分析、提炼主要内容。

六、述评消息的写作要述评结合，述议交融。必须以新闻事件为依据，不能离开新闻事实发表议论，力求做到缘事发议，夹叙夹议；而且，在一般情况下，仍要坚持多用背景材料烘托气氛，在说明观点时不可乱发议论，更要避免大发议论。

七、由于述评消息"评"的分量重于"述"，所以在写作时，要"评"得精彩，"评"得出色。撰写者可以采用多种表现手法突出情感，比如，可以通过对比、设问，将自己的立场、意见、建议旗帜鲜明地提出来，烘托气氛，增强效果。

3.5.2　范文模板

"脱欧"十思

新华社伦敦1月31日电（记者　桂涛　顾震球）当地时间1月31日23时，英国将结束与欧盟47年的牵手，成为第一个脱离欧盟的成员国。"脱欧"这一标志性重大地缘政治事件，无疑将给英国、欧洲乃至世界带来深刻影响。这场耗时三年多的"马拉松"，给世界留下太多跌宕的情绪和记忆，也引发人们一连串的思索。

第一，民心思变凸显民生之困。不论英格兰北部萧索的老工业区，还是美国东北部的"锈带"，民生困顿势必引发民心思变。金融危机以来，英国经济衰退，社会分化，底层民众生活艰辛，对大党失去信心。英国最支持"脱欧"地区居民的年收入比最反对"脱欧"地区少40%。英国政客认识到，"脱欧"不仅是英欧关系变革的问题，更是改变国内现状的问题。

第二，"逆全球化"不是答案。从英国"脱欧"到美国"退群"，背后都有全球化"失意者"的影子。他们深感被全球化"背叛"，希望退回封闭孤立、自给自足的原始状态。然而，在这个你中有我、我中有你的世界，英国"脱欧派"对"重新拿回主权、边界与金钱"的呼喊也没法让他们和欧盟说分就分，这才有了频频陷入泥潭的"脱欧"谈判，以及接下来可能更加艰难的英欧贸易谈判。显然，全球化带来的"分蛋糕"问题需要继续做大蛋糕来解决。

第三，民粹洪流冲击西式民主基石。"脱欧"公投曾被称为民粹主义者的胜利。面对民粹政党的迅速崛起，英国大党为赢回选票，诉诸一人一票的公投。"是去是留"的二元选择更加剧民意撕裂。而欧洲大陆上，民粹之风不仅触发政治版图洗牌，加剧政治极化和社会分裂，更把欧洲拖入不稳定的变革期，增加一体化难度。

第四，治理困境削弱发展动力。近年来，一些西方国家的治理困境日益凸显，"脱欧"就是一面镜子，涉及重大国计民生的政治决策，往往被党派与利益团体绑架，舆论、民众、社会均被撕裂。"脱欧"不仅给英国社会留下伤痕，也给不少国家的治理弊病敲响警钟。

第五，一体化"错配"加剧离心。在加入欧盟40多年后，英国为何对欧盟失去兴趣？伴随着欧盟一轮轮东扩，欧洲一体化发展进入"深水区"。扩张虽然给一些老成员带来经济收益，但成员国之间的经济与价值观差异也导致冲突与分歧，利益博弈不断磨损团结精神。欧洲一体化之梦与民族国家自身发展之需的矛盾越来越尖锐，加速英国的"离心力"。英国"脱欧"之后，欧洲一体化何去何从，欧盟也在思考和调整。

第六，程序正义未必带来实质正义。英国"脱欧"的一大特点是"合法"，从公投、"脱欧"谈判启动乃至协议达成，每一步都走过了法定程序，却一度造成机制失灵。"脱欧"进程越推进，英国民众就越迷惘也是不争的事实。"脱欧"过程中，政府与议会缠斗无休，"为反对而反对"成为常态，"越合法越失效"的怪圈令人反思：程序合法就一定能实现民众的整体和长远利益吗？这恐怕不仅是英国人需要回答的"灵魂拷问"。

第七，"主权"危机投下分裂阴影。"脱欧"是一场向布鲁塞尔"争权"的斗争，但实际上还未得之桑榆，就已埋下失之东隅的种子。"脱欧"协议中北爱尔兰地区与欧盟成员国爱尔兰之间可能出现的一道"硬边界"，触动北爱尔兰分离主义神经，冲击和平和解进程。支持留欧的苏格兰民族党打出"二次公投"口号，欲借"脱欧"加速"脱英"。威尔士的分离运动近来"崭露头角"，加剧国家分裂隐患……围绕"脱欧"的政治博弈正在加剧"联合王国"的离心力。

第八，"情绪政治"掩盖真相。在"后真相"时代，每一次选举和投票似乎总伴随着各种迷思与谎言。社交媒体上转发的往往是情绪而非事实，一些媒体、政客为了一己私利有意误导公众。互联网上，种种道听途说、臆想偏见共同构筑起不少人想象中的"脱欧"。而一些人正是通过量身定制的网络政治广告精准投放、操控选民情绪。令人警醒的是，这样的"无声之战"依然在互联网反复上演。

第九，盟友关系艰难重塑。英国"脱欧"是对欧洲一体化进程的冲击波。从危机应对角度看，英欧双方的智慧值得肯定：既避免了经济断崖式下跌，也抑制了对一体化更大的负面冲击。从长远看，英国"脱欧"是传统盟友体系在全球化新时代发生的一场深刻变革。"脱欧"第一阶段的"拉锯"证明，即便在发达国家内部以谈判方式和平分手，传统盟友体系的改变也需付出国内政治稳定、经济繁荣甚至对外影响力削弱的代价。而这只是一个开始。更加复杂的贸易谈判、英欧地缘战略关系重建,依然道阻且长、充满变数。

第十,全球角色重新定位。选取宏观视角观察,英国在与欧盟牵手近半个世纪后选择离开,是主动调整自身全球定位与对外政策的一次努力。而做出这一抉择,是基于对世界格局变化的认知和判断。"后脱欧"时代的英国正面临全新考验。有专家曾表示,"脱欧"造成的影响要在20年后才能充分显现。在这样的情况下,英国如何与时俱进、改革创新,在全球化时代重塑民族国家的身份认同?如何更积极参与全球事务,实现"全球化英国"的宏大设想?如何在激烈国际竞争中保持优势,维持并扩大国际影响力?人们期待,伴随着新黎明的到来、新未来的启幕,英国能为这些问题找到答案。

(本文引自2020年1月31日新华网)

3.6 经验消息

经验消息,也称典型报道,就是报道具有代表性和典型性的经验或做法的消息类型。它既可以报道方针政策推行的典型经验,也可以报道某一方面工作的成功做法。但需要注意的是,经验消息既不是工作总结,也不是调查报告,它是以叙述事实为主的新闻报道。

经验消息的价值在于其具有普遍的指导意义,实用性、可借鉴性强。经验消息能够比较集中而典型地体现党的方针政策,反映事物的普遍规律,为解决工作中普遍存在的矛盾提供直接或间接的经验。

作为一种典型报道,经验消息的内容具有典型性、概括性、指导性的特点。所谓典型性,即经验消息一般都是围绕典型性的问题而写的,通过对比、分析这个问题,揭示事物的本质,起到启发和指导作用。所谓概括性,即经验消息并不是以一个独立的事件为中心的,而是将许多事实经过归纳、总结,从大量具体的做法中提炼出来的,并且必然经过一段时间的实践检验。所谓指导性，即经验消息的最终目的是指导人们解决普遍存在的问题，从而推动工作进一步展开。指导性是建立在典型性和概括性这两个特点之上的，而经验消息的典型性和概括性又是以指导性为目的的。

经验消息通常反映的是方针政策推行和实践的结果，因此有着较强的政策性。这一点区别于一般的经验总结。

3.6.1 写作技巧

作为消息的一种，经验消息的写作格式与一般消息的写作格式类似，这里不再赘述。

经验消息的主要目的是启发人们的思想，指导人们的行为，这在一定程度上也决定了此类消息的写作要求及写作方法。

经验消息的选材要典型、新鲜。在选材方面，要选取那些具有普遍意义的典型经验，便于对更广泛的受众起到指导作用；同时，经验消息的选材要新鲜，如果缺少新鲜感，就无法吸引受众的注意力。

经验消息要用事实说话，不能空洞无物。它必须有很具体的事实，而且叙述要落到实处。在提出问题和解决问题时，写得越具体越好，经验要写得实实在在、真真切切，让人学得会，不能写一些空洞的理论和抽象的概念，华而不实。

撰写经验消息时切入的角度要准，要能体现新闻价值，而且这些有新闻价值的经验还要对工作和生产有一定的指导、推动和借鉴作用。因此，要写好经验消息，既需要把握宏观的方针政策，又需要了解基层的所作所为，只有将二者结合起来，才能找到新闻点，才能使经验消息有的放矢。在实践中，经验消息的写作，可以从某项工作经验中选取某一点加以宣传报道，不一定要面面俱到。

经验消息的写作一定要交代清楚经验所适用的条件，因为有些经验是在某些特定的条件下才适用的。

3.6.2 范文模板

拉郎村跃上"亿元村"宝座

本报讯 没有什么神奇的本事，广西罗城仫佬族自治县拉郎村老实巴交的壮族农民靠山上种的树，跻身于少数民族为数不多的"亿元村"宝座。

来到拉郎，人们会兴奋地发现，山上山下是树，山里山外也是树，全村拥有营林面积达21800多亩，人均有林达7.5亩，其中已成材的杉木9500多亩，可伐木材38万立方米，以每立方米300元计算，价值达1.14亿多元。党支部书记向人夸耀："咱村，每人都有一本写着4万多元的'绿色存折'！"

昔日穷得叮当响的拉郎村，吃亏就在于眼睛只会盯着那几亩山边冷水田。年轻的党支部书记韦有光坐不住，带着百十号小伙子上山，这下可神了，栽下的杉木疯一般地长起来，韦有光终于解开了拉郎祖祖辈辈为何捧着金碗讨饭吃之谜。从此，拉郎村种树种上了瘾，青年人"力大气粗"，一上山就往往把整座山、整条沟给包了下来，涌现了像李福贵那样一大批造林起家的典型。

壮族农民种树爱树。前些年，有人认为他们也会像别人一样捞钱，趁机前来"买青"，欲将未成材的杉木砍了卖掉，结果碰壁而回。改革开放使这里的农民不仅懂得绿化荒山的价值，而且还学会运用科学技术种树护树，才十来年时间，全村近万亩杉木平均已高达12米，径围达18厘米，陆续进入了采伐期。如今的拉郎村，户户有树可乘凉，有树做靠山。

（本文引自1991年4月25日《中国青年报》）

3.7 简明消息

简明消息，又称为简讯、短讯、快讯，是最简短的一种新闻体裁。简明消息没有特定的报道对象，也没有特殊的写作方法，只是简要地将消息报道出来。

简明消息具有以下三个特点：

一、内容简单，篇幅短小。在所有的新闻体裁中，简明消息的篇幅最为短小，内容也很简单。其字数常常在10～100字之间，但也有较长一些的。

二、撰写、报道迅速。报道速度快是简明消息的重要特点。由于内容简单、篇幅短小，所以作者通常能很快将消息采编完，然后发布出去。

三、叙事简略精要，要素齐全。虽然简明消息的内容较为简单，但是新闻的必要要素（如人物、时间、地点、事件）却是齐全的。可以说，简明消息的叙事简略精要，通常会省去事实发生的过程和细节，而只报道事实本身。

3.7.1 写作技巧

由于简明消息追求简明扼要地报道，所以为了达到这一目的，在行文上能省则省，比如省去导语、背景和结语。需要注意的是，不交代背景，不代表所报道的新闻没有背景，只是不做专门的交代。实际上，这里隐含了一个前提条件，就是虽然没有交代背景，但是不影响读者接收信息。如果非要交代背景，则通常也不适宜采用简明消息的方式报道新闻。

另外，在写作简明消息时，可以先把稿子简明地写出来，然后对其进行删减和压缩，像写电报一样，字斟句酌，力求精准简练，直至再也不能删减为止。

3.7.2 范文模板

范文模板一：

全国足球春训在滇琼展开

本报讯 2005年全国足球中超、中甲球队春训10日分别在云南昆明和海南海口拉开大幕。这次春训将持续到2月5日。

由于中国足协没有安排统一的集训地点，除少数球队留在当地的训练基地外，多数中超、中甲球队均选择了昆明或海口作为自己的春训地。

范文模板二：

冰球世青赛乙组中国获第四

据新华社布加勒斯特电 世界青年（20岁）冰球锦标赛乙组比赛9日结束，中国青年冰球队获得第四名。参赛6个队的名次依次是日本、罗马尼亚、荷兰、中国、塞黑和立陶宛队。

中国队在5场比赛中取得了3胜2负的成绩。他们以0∶5输给日本队，以2∶3负于荷兰队，以4∶2战胜罗马尼亚队，以4∶3击败塞黑队，以6∶1大胜立陶宛队。

［这两篇消息均引自2005年1月11日《人民日报》（海外版）］

第4章 通讯

通讯和消息一样,是报纸、广播中经常使用的一种应用文体,是一种以记叙和描写为主要表达方式,及时地反映具有新闻价值的人物、事件、经验、成果、工作等的新闻体裁。

其实,通讯就是消息的丰富和延伸,它可以满足读者对新闻人物或新闻事件更充分、更详尽的了解的需要,以弥补简短的消息报道之不足。

4.1 通讯的写作规范

通讯是报纸、广播、通讯社常用的新闻体裁,具体来说,是以记叙、描写、议论、抒情等表达方式报道新闻人物或新闻事件的一种应用文体。它的作用是评价人物、事件,推广工作经验,介绍地方风貌等。

通讯具有以下三个特点:

一、完整具体。通讯所报道的事实要比消息更加详细、完整,可以满足读者欲知详情的需要。它要详尽、具体地报道事件的经过、演绎人物的命运,充分展开情节,甚至描写细节和场面。这些既是新闻报道生动性的体现,也是其内容完整性、具体化的体现。

二、真实生动。在内容的真实性上,通讯和消息完全相同。但是,通讯在表达方式上,可以用除虚构外的一切文学创作手法;在语言上,可以用比喻、象征、拟人等修辞手法。因此,通讯在报道真实的人物和事件的过程中,善于再现情景,使人物更加生动、形象,给人以立体感、现场感,比如,报道中有活灵活现的人物活动,有生动的场景描写,有类似电影的特写画面；在叙述事件的经过时，有波澜、有情节，讲究故事性、趣味性。不过，在写作实践中需要注意，不能为了生动形象而故意添枝加叶、移花接木。

三、适时评论。通讯有的以描述事实为主，用事实本身打动读者；有的以夹叙夹议为主，在叙述中表明作者的观感、评价和倾向。然而，通讯的评论不同于议论性文体的论证，它必须时时紧扣人物或事件，依据事实做适时的、恰到好处的评价和点拨。

通讯是由消息发展而来的，可以说它是消息的补充与延伸，而且比消息更为详尽和形象。同一素材的消息和通讯，有时先发消息，后发通讯，有时同时见报。因为各有所长，所以可以互为补充。

根据所反映的具体内容来划分，大致可将通讯分为人物通讯、事件通讯、工作通讯、风貌通讯等。

4.1.1 主题要明确

通讯的主题，即通讯的中心思想或基本观点，是作者经过对现实社会的观察、体验、分析、研究，通过对通讯素材的提炼和组织所表达的对客观世界的一种认识或观念。换句话说，通讯的主题即一篇通讯通过报道客观存在的事实，宣扬了一种什么思想，提出了一个什么问题，提供了一个什么经验或教训。评价一篇通讯写得是否成功，主要看它的主题是否正确、深刻，能不能为读者提供科学的见解、有益的知识、健康的情感，是否有利于物质文明和精神文明建设。

主题是通讯的灵魂和统帅。只有明确了主题，作者在取舍所收集的各种各样、粗细庞杂的事实材料时才有标准，在安排通讯的结构时才有依据。如果没有主题，或者主题不正确，那么写出来的通讯不过是一堆乱七八糟的材料的罗列。只有在一个主题之下组织这些材料，它们才能够表达同一种思想，才能发出同一个声音，才能表现出统一性和完整性。

1. 通讯主题的特征

通讯的主题，从一般的意义上说，至少要做到正确、集中、鲜明，从更高的意义上说，要做到新颖、深刻。所谓正确，是对主题的思想性、科学性的要求，即主题要符合客观世界的真实情况，符合科学的规律，能引导人积极向上。所谓集中，是指主题要简明和单一，一篇通讯只能有一个主题。所谓鲜明，是指主题要具有倾向性，即对所报道的人物或事件要有一个明确的态度，不能含混不清，让人不知所云。新颖、深刻是通讯写作的高标准要求。所谓新颖，是指角度新异、思想新鲜、见解独到，让人耳目一新。所谓深刻，是指主题不能停留在对现象的罗列和叙述上，而要揭示事物的深层本质和内在规律。

2. 通讯主题的来源

通讯主题的来源主要有两个：

一是政治上重要的，能够体现时代精神的人物或事件。这就需要作者站在较高的思想立足点上，凭借犀利的目光、敏锐的嗅觉、高度的责任感，及时发现那些在生活中不断涌现出来的、能够反映时代本质和特点的人物或事件。

二是为大众所注意的、对人民有益的事件，或是群众最关心、最迫切想要解决的问题。新闻作者只有想人民之所想，爱人民之所爱，恨人民之所恨，才有可能为人民的求知、益智、娱乐提供精神食粮。

3. 提炼通讯主题的方法

提炼通讯主题的方法主要有两种：

一种是依据事实提炼主题。作者在接触新闻人物或新闻事件前，对将要报道的事实不甚了解，对将要写作的通讯主题也没有事先预想，就需要在了解事实的过程中逐步分析素材，弄清楚材料各个侧面之间、多个材料之间的内在联系，分清作为原因的事实和作为结果的事实，之后找出可以贯穿各事实的意义线索，再判断这些意义线索哪条更有传播价值、更有普遍的示范或警示意义。通过分析新闻事实最终确定主题。

另一种是主题先行，即先预设主题，后寻找事实印证。作者依据长期对生活的观察和思考的结果或媒体布置的报道思想，预先设定要写的主题，然后围绕主题去等待、选择表现这个主题的新闻事实，以验证主题。

无论采取哪种方法，作者都可以或站在高处进行宏观分析，或接地气地进行微观比较，或变换角度进行多面透视，从而最终确立主题。

通讯所报道的新闻事实，可以从各个不同的角度去观察、反映，角度不同，形象各异。作者若能精心选择最佳角度去写，往往能使通讯内容陡然增添新意，使其别具一格、引人入胜。

4.1.2 选材要精当

通讯要想有说服力和吸引力，其所用的材料必须精确恰当。因此，撰写通讯时要按照主题的要求，严格选取材料，力求用最能反映事件本质的、最具有典型意义的和最具有吸引力的材料说明主题。如果不注重选材，或者选择的材料不好，那么不仅不会深化主题，还会适得其反。因此，选材是通讯写作的关键环节之一。

无论是表现人物还是事件，通讯所选取的材料主要包括骨干事例、细节材料和一般性叙述材料三种。

（1）骨干事例，就是能够揭示人物性格特征、揭示事件本质特征，突出的、具有代表意义的典型事例。这些事例情书比较完整，可以独立作为新闻事实，在通讯中起着说明主题、表现主题、突出主题的作用。

（2）细节材料是通讯中最有灵性、最富有感染力、最易吸引读者的部分，是通讯写作中最具特色的要素。文字报道中的细节材料虽然比不上新闻图片的直观效果和电子媒体声画一体的原生态效果，但通过白描手法"再现"事实，也可以使这种再现的材料通过读者的想象力触动读者的感官，将读者带入新闻现场，使读者对新闻可知可感，如临其境，如见其人，如闻其声，从而产生一种心灵的体验。通讯中的细节材料在传递典型事例中的画面、声音、对话和情节的同时，也传递着作者的深切体验，传递着人类共同的情感。

（3）一般性叙述材料，是对人物、事件、风貌的背景和现在状态进行概括性介绍和解释的材料。一般性叙述材料可以使读者大致了解事实的框架，"织"出通讯的基本背景和舞台，让骨干事例和细节材料有一个可以展示的场所。

那么，该如何选择好的材料呢？应遵循以下三个原则：

1. 要注意选材的典型性

通讯选材的典型性，是指材料要具有代表性、说服力，且能够表现主题。这里的典型性具有两个方面的含义：一、所选的材料较一般事实材料突出，有特别之处；二、所选的事例无论大小，都不是社会中的个别现象、个别事件，而是普遍存在的。

2. 要围绕主题选材

围绕主题选材，是指材料的收集和选用，应该结合主题考虑，围绕主题收集相关的事实材料。有的通讯写得不好，原因就在于它的选材和主题错位，导致主次不明。可以说，通讯的选材就是作者用新闻价值标准过滤事实的一个过程。

3. 忌重复选材

在写作通讯的时候，不要重复选材，只选取同一事例、同一角度即可，没必要连续用几个意义相同的事例来强调主题。

4.1.3 结构要合理

文章的结构就是文章的谋篇布局，任何文章都要有结构，通讯亦是如此。通讯的结构，俗称通讯的骨架，它是通讯的表现形式，即通讯的组织形式和内部构造。

可见，通讯的结构包含两层含义：一是指通讯的构成，包括标题、开头、正文和结尾等；二是指通讯的建构，即采用一定的形式去组织材料，去谋篇布局。这里主要讲第二层含义，即作者根据自身所掌握的材料，围绕通讯主题，采用灵活多样的支撑形式，把精选的材料协调地构筑于作品之中，使作品成为一个思路清晰、有条不紊、详略得当、布局合理的有机整体。

1. 安排通讯结构的原则

虽然通讯是一种开放和发展的文体，没有固定的结构，但是，作者在安排通讯结构时应该遵循以下两个原则：

一、以事实为本。在安排通讯结构时，首先要以清晰表现事实为目的，而不是让事实去迎合体裁、结构的需要。例如，新闻事件的发生、发展、高潮、结果等，其过程是顺向的，是不以作者的意志为转移的，昨天发生的事，绝对不能写成今天，A 地发生的事，绝对不能写成 B 地，通讯中所涉及的事件必须真实。

二、以主题为本。主题是通讯结构的主线。在通讯结构的设定、安排中，无论是层次的确定，还是段落的划分，都要为主题服务，要满足表现主题的需要。作者要用事实材料表现主题，围绕主题理顺事实材料的逻辑关系和层次排列，使主题更加鲜明、集中。

2. 通讯的结构形式

通讯的结构形式灵活自由，没有固定的格式，每一篇通讯都有自己独特的结构形式。这里仅介绍常用的三种结构形式：

（1）纵式结构，又称顺序结构，是按照事件发生、发展的先后顺序，层层深入地安排作品的结构形式。这种结构形式在事件通讯中较为常用。使用这种结构形式的通讯情节自然，主题明确，真实感强，所报道的题材、事件需要相应的矛盾冲突。如果选材不当，则会显出平铺直叙的不足；如果选材得当，则能够达到一气呵成的效果。

（2）横式结构，又称并列式结构，是按照主题表达的需要，从不同性质、不同类别、不同方位、不同时间、不同角度来叙述事物、描述事件、论证问题的结构形式。这种结构形式适用于涉及事实较多的通讯，尤其适用于非事件通讯。

（3）纵横式结构，即将纵式结构和横式结构结合起来的结构形式。它体现的是事物上下左右的整体关系。它以时间为中心轴，在从上往下描述事实的同时，又要围绕这个轴对事物的方方面面进行描述。通过纵向的描述、横向的交代，使新闻事实得到了多层次、全方位的展示。此结构形式多适用于事件复杂、时间跨度大、空间范围广的通讯。

虽然我们是分别叙述这些结构形式的，但在实践中，它们又常常是被综合使用的，即一篇通讯常常会用到两种或两种以上的结构形式。

4.1.4　表达方式要恰当

记叙是通讯写作的基本表达方式，是对人物、事件和客观情况的说明与交代。人物的事迹、经历，事件的发生、发展都离不开记叙。在使用记叙这一表达方式时要做到叙事清楚、详略得当、方法灵活。

描写是通讯写作的重要表达方式，是抓住事物特征，对人物、事件、环境所进行的具体描绘、刻画。常用的具体方法有人物描写、细节描写和场景描写等。

恰当而精辟的议论，自然而真挚的抒情，也是通讯写作不可或缺的表达方式。议论，是作者对所报道事物的本质、意义、内在规律以及与其他事物的联系等，从理论、政策、思想上加以揭示、说明、引申、发挥。抒情，是作者亲身感受和思想情绪的直接抒发与表达。

在通讯写作中，议论与抒情往往是结合在一起的。议论与抒情的目的在于揭示事物本质，深化主题思想，突出人物的性格和事件的意义，增强思想性与感情色彩。

在议论与抒情时要注意三点：一要有情而发，真挚、健康、积极，而非矫揉造作；二要与报道的人、事紧密相关，不要跑题；三要恰当巧妙，要少而精，不要"滥"发议论。

4.2 人物通讯

人物通讯，是一种以通讯的形式报道具有新闻价值的人物，反映其行为、事迹和生活，再现其精神境界、人生轨迹和生存状态，从而达到教育启迪、监督批判、警示社会的目的新闻体裁。

人物通讯报道的对象常常包括以下几类：一、典型人物，即在一定时期或一定地区，其事迹或思想观念能够代表时代潮流、反映时代精神的单个人物或集体人物；二、新闻人物，即与事件有关的新闻人物；三、各行各业的英雄模范人物；四、社会生活中平凡的劳动者，但这类报道对象或是凡人奇事，或是奇人凡事，并且符合新闻报道的主旨，符合主流意识所要弘扬的精神；五、"冰点"人物，这类人物没有先进的思想和传奇的事迹，只是因为他们的命运、生存状态值得社会关注，具有一定的社会认识价值；六、反面人物，目的是警示社会、释放民怨、鼓舞斗志、引导舆论。

人物通讯有以下三个特点：

一、人物多样化。人物通讯既可以报道一个人，也可以报道一群人；

既可以刻画正面人物，也可以报道反面人物或有争议的人物；既可以刻画大人物，也可以报道普通老百姓。

二、内容多样化。人物通讯既可以描写、刻画人的一生，也可以反映某个阶段或某个侧面；既可以介绍取得的成就、做出的英雄事迹，也可以揭示犯下的错误、造成的损失以及获得的经验教训。

三、篇幅多样化。人物通讯既有系统报道某个人物或群体事迹的长篇报道，也有反映某个人物片段事迹的人物素描、人物特写、通讯小故事等短篇报道。

4.2.1 写作格式

在写作格式上，通讯与消息不同，消息的格式相对固定，而通讯的格式不固定。人物通讯一般由标题、开头、正文、结尾四部分组成。

1. 标题

人物通讯的标题一般采用主副标题的写法。主标题点明主题，表明内容；副标题主要说明报道的对象或补充新闻的来源，如"一颗红心向夕阳——××××干休所××××工作侧记""春回大地因为他——记××××林场护林员×××"。有的人物通讯的标题只有主标题，而没有副标题。

好的人物通讯标题不但能统领全文，而且能反映不同人物的性格特征，刻画不同人物的精神面貌。那么，怎样才能拟定出好的人物通讯标题呢？

人物通讯的标题，概括要准确，文字要简约，意思要传神；既要贴切，又要有丰富的内涵，还要有审美价值。

人物通讯标题的拟定，最重要的是要与作品的中心思想和情感路线相符合，如果脱离了主题，那么再好的标题也失去了价值。

2. 开头

人物通讯的开头是通篇作品的眼睛，它不仅有文眼的美称，还有引述下文的作用。因各种人物的身份、职业背景不同，人物通讯开头的写法也不同。所以，写好人物通讯的开头并非易事，需要一定的知识积累、高超的构思技巧以及巧妙的组合手法。

下面介绍几种常见的人物通讯开头的写法：

（1）描述型开头，即亦描亦述、描述兼有的开头方式。一开头就出现画面、出现镜头，具有可视可感的效果，其点睛之笔是作者观察与思考的结果。

（2）概述型开头，就是以概括的、直接陈述的方式开头。概述型开头使事实、信息的传递较为简洁明了，因为是直线交流，所以容易让读者很快知晓人物的闪光点。

（3）悬念型开头，就是在人物通讯的开头设置悬念，先不直说事情，慢慢激起读者对故事发展和人物命运的关切之情。

除此之外，还有情节型、生平型、对比型、开门见山型、肖像型、故事型、引语型等开头写法，这里不再一一叙述。

3. 正文

人物通讯是通讯的一种，其正文结构与通讯的正文结构一样，通常有纵式、横式和纵横式三种，具体可参考上文。

人物通讯在写作时可尽量采用故事化的写法，选取最能反映人物本质、最有典型意义和吸引力的材料进行裁剪，围绕主题安排故事情节。为使故事活灵活现，可采用记叙、描写、议论和抒情等多种表达方式。

4. 结尾

人物通讯的结尾要给人留下回味的余地，在具体写法上也有很多种。有的概括总结全文，深化主题；有的抒发感想或议论；有的展望未来，提出希望；有的引用诗歌、典故、名言，进一步点明主题。

4.2.2 写作技巧

人物通讯是以刻画人物形象、反映人物精神面貌为核心的报道，所以其写作要围绕这一核心目的而展开。

1. 以刻画人物形象、反映人物精神面貌为核心

人物通讯以写人为主，并非简单罗列事迹、歌功颂德，而是要通过对人物言行、事迹的精心架构，刻画人物鲜明的形象，凸显人物的精神风

貌，以情动人、以事感人，塑造真实的人物典型；要写出主人公突出的业绩是在怎样的精神面貌、思想状态下取得的；要写出主人公的理想与追求，写出他或他们战胜各种各样困难的经历。这样一来，主人公不仅有不凡的业绩，更有崇高的理想、追求，凸显了人物的高尚情操、品德与思想觉悟。

因此，人物通讯的写作切忌将人物模式化，刻意塑造空洞的"高、大、全"形象，要避免动辄把人变成神，把事迹变成奇迹，而应该把人物写活，通过多种手法塑造有现实感、有生命气息的真实形象。只有这样，人物通讯才能真正拥有感化人心的力量。

2. 抓住人物的细节以及典型的情节

很多时候，细节更能反映问题。人物通讯以刻画人物形象、反映人物精神面貌为核心，细节是最有说服力、最能感染人的，同时也是最能使人物形象鲜活的地方。细节，可以是一个小的现场画面，可以是一次富有意义的个性对话，也可以是一个微小的动作。若能把握好这些细节，就能触动读者的感官，让读者感同身受，印象深刻。

有些情节不但十分动人，而且对刻画人物、表现主题也有帮助，这就是典型的情节。典型的情节往往同时也是生动的、深刻的情节。

3. 抓住报道对象身上与众不同之处

每个人都有各自的生活轨迹，都有各自的行为方式与生活方式。注意寻找报道对象的与众不同之处，这样写出来的报道才是人物真实形象的反映，才能避免千人一面之流弊。

人物通讯的写作要抓住矛盾点，写出这个人物如何在诸多矛盾中做出了别人难以做出的抉择。只有这样，才能使人物通讯显得既有人情味又有吸引力，才能使人物通讯感染、打动读者，达到震撼人心的效果。

按类型划分，人物通讯可分为传记式、特写式、群像式三种类型。传记式人物通讯，其特征是较完整地写出人物一生的主要事迹，篇幅较长，内容丰富。特写式人物通讯，侧重于写人物的一时一事，或某个侧面。群像式人物通讯，其特点是报道对象不止一个，而是一个集体中的若干人，或是同一时空范围内的几个同类人。

4.2.3 范文模板

范文模板一：

"布衣院士"留下无字丰碑
——追记华南农业大学原校长、著名水稻遗传学家卢永根

张　烁

8月12日，刚刚过完入党70周年的"生日"，89岁的他安详离世，走得坦坦荡荡。

积蓄，全都捐了，880多万元，一分不剩，捐给了华南农业大学；后事，如他所愿，没有告别仪式，遗体捐给国家；最后一笔党费，老伴代交了，有1万元之多……

这一生，他是那样简朴，简朴到家里连窗帘都不挂；可他又是那样富足，一生家国情，桃李满天下，身后泽被万千学子，留下了闪光的无字丰碑。他曾说，生活过得好，不是追求舒服，而是"无愧我心"。

他，就是华南农业大学原校长、中国科学院院士、著名水稻遗传学家卢永根，人们亲切地称他为"布衣院士"。

"中国共产党指给我有意义的人生之路"

生命最后的时光，卢永根躺在病床上，有些疲倦。可一说起当年入党时的情形，他眼中立刻发出明亮的光。

"当时在香港，一个很小的房子，有面墙壁挂着党旗。"老人的广东口音有些颤抖："举右手，面向北方，延安就在北方，延安就是我们心中的太阳。"

1930年，卢永根出生于香港的一个中产家庭，家里有电话、出门有汽车。11岁那年，日寇占领了香港，他被父亲送回广东花都老家避难，谁料想，这里也被铁蹄践踏。

"老卢看到日本鬼子检查'良民证'，一不顺从就一巴掌打过来。"老伴徐雪宾说，这一幕让老卢永世难忘。亲历了国土的沦丧，目睹了国民党政府的腐败，卢永根陷入了迷茫。就在这时，一道"红光"照进了他的人生……

1949年8月9日，卢永根在香港加入中国共产党。其实，早在两年前，17岁的他就瞒着家人，做出了人生最重要的决定，加入中共地下党的外围组织——"新民主主义青年同志会"。"对祖国的命运自当不能袖手旁观！"卢永根如是说。

"他把入党那一天看成生日，新生命的开始。所以，每年这一天，我都为他过生日。"87岁的老伴徐雪宾颤巍巍地笑了，有点羞涩地透露了一个小秘密："我想在这一天，一定干一件最让他喜欢的事，所以在1957年8月9日，答应与他结婚。"

新中国成立前夕，卢永根受党组织派遣，离开香港，前去广州领导地下学联，迎接广州解放。"我为什么要抛弃安逸的生活而回内地呢？是中国共产党指给我有意义的人生之路，只有社会主义祖国才是我安身立命的地方。"卢永根说。

作为华南农业大学的校长，卢永根这样定位自己的三重角色：先党员，再校长，后教授。

"虽然我现在疾病缠身，无法自由地行走，但是，我的意识是清醒的，我的牵挂是不变的，我的信仰是坚定的！"岁月时光无法磨灭卢永根的初心。住院不久，卢永根和老伴向党组织郑重申请："我俩大半辈子都没有离开过党。这个时候，也不能没有组织生活。"对此，校党委决定，由农学院党委书记等几名党员参与，每月在病房开一次党员学习会。

"我全程看了党的十九大开幕直播，听完总书记的报告，热血沸腾，备受鼓舞……"十九大召开第三天，在病房党员学习会上，卢永根笑得皱纹绽放，"仿佛回到刚入党的那一刻"。

"我是炎黄子孙，要为自己的祖国效力"

"这片野生稻太好了，我们没白爬上来！"2001年10月的一天，广东佛冈的一个山顶上，71岁的卢永根一手挂拐、一手扶树，开心得像个孩子。

爬山不容易，卢永根挂着拐杖，感觉很吃力。"卢老师，您别上去了，我们上去采回来！"学生刘向东不忍。"要上去！野生稻的生长环境很重要，我想去看。"没办法，学生架着他，一步一挪，齐腿深的草打得裤管刷刷作响。

野生稻，携带栽培稻不具备的抗虫、抗病基因，是改良水稻的重要种质资源。连续几年，卢永根带着学生们奔波在广东高州、佛冈、遂溪、博罗、惠来等地，苦苦找寻……

卢永根大学毕业后留校任教，成为"中国稻作科学之父"丁颖教授的助手。"抗战时，丁老师带着水稻种、番薯种，一直逃难到云南，把种质资源保护下来。"卢永根十分敬佩。丁老师去世后，卢永根在极其艰苦的条件下，带领团队完成了恩师未竟的事业，保存了具有特色的野生水稻基因库，首次提出水稻"特异亲和基因"的新观点……近些年，卢永根研究团队共选育出作物新品种33个，在华南地区累计推广面积1000多万亩，新增产值15亿多元。

这对师生，还有一段佳话。学术上，丁颖是卢永根的老师，是他的领路人，但在政治上，卢永根是先行者，是进步青年，他多次对丁老师说："像您这样先进的老科学家，应该尽早成为共产党的一员。"终于，丁颖在68岁时加入中国共产党。

20世纪80年代，高校论资排辈风气严重，年轻科研工作者难以"出头"。怎么办？时任华南农业大学校长的卢永根决心要捅破这层"天花板"。他冲破重重阻力，破格晋升了8名中青年学术骨干，平均年龄40岁，最小的年仅29岁，其中5人直接由助教破格晋升为副教授！如今的这8名骨干中，有全国政协副主席、中国科学院院士、中国工程院院士……

"为什么我的眼里常含泪水？因为我对这土地爱得深沉。"卢永根的日记扉页上，抄写着艾青的诗句。

曾几何时，在美国的姐姐苦劝卢永根一家移民，可怎么也说不动他。卢永根说："我是炎黄子孙，要为自己的祖国效力。"他在给留学生的信中写道："外国的实验室再先进，也不过是替人家干活。"在他的劝导下，多名学生学成归国。

"生命诚可贵，爱情价更高；若为祖国故，两者皆可抛！"在一次对学生的演讲中，卢永根化用著名诗句深情表白。晚年，又有人问他为什么非要留在国内，他说："你向党、向人民许诺过、宣誓过，那自己要遵守了！"

"党培养了我，这是做最后的贡献"

"老卢啊，你身后，储蓄怎么处理？"2016年底，身患癌症的卢永根住院，老伴徐雪宾问道。

"捐！"卢永根脱口而出，只有一个字。

"好，我也是准备捐的。"没有任何思想斗争，老两口就做出了这个决定。

2017年3月14日下午，卢永根被人搀扶着，吃力地迈上银行台阶。他颤巍巍地打开黑色旧挎包，掏出了里面的10多张存折。周围安静极了，只见卢老吃力地在一张张凭证上签字，一次次输入密码。不久后，他又在另一家银行，捐出了其他剩余积蓄。

8809446.44元！老两口没有留给唯一的女儿，而是成立了"卢永根·徐雪宾教育基金"。徐雪宾说："我们的生活样样都得到满足了，这些钱就是多余的。"

样样都得到满足了？走进老人的家，仿佛回到20世纪。铁架子床锈迹斑斑，挂蚊帐用的是竹竿，一头绑着绳子，一头用钉子固定在墙上；台灯是几十年前的款式，收音机坏了修了再修……

"这些东西没有用光用烂，还能用，物还没有尽其用。"卢永根说。"床已经很好了，我们刚结婚时，4个条凳架上板子，就是床。"徐雪宾很满足。

出门，80多岁的老两口背着双肩包、头戴遮阳帽，挤公交、换地铁；吃饭，叮叮当当拎着饭盒，和学生一起在食堂排队打饭，吃得一粒米都不剩……看到有学生剩饭，卢永根总忍不住提醒："多少株水稻才能出一碗米饭？"

这已经不是卢永根第一次捐赠。早在2015年，他就和老伴回到家乡，把祖上留下的两间价值100多万元的商铺，捐赠给当地的罗洞小学。

这些壮举，大家说是"捐"，可卢永根却说是"还"："党培养了我，这是做最后的贡献。"老伴徐雪宾也说："我们两个年轻时就受到党的教育，国家给了我们许多，我们用不完了，当然还回去。"

不仅"还"钱，他们觉得连自己的生命都是党和国家的，也要"还"回去。于是，双双办理了遗体捐献手续。

"布衣院士"卢永根走了，走得干干净净、清清爽爽。他不留财产、不留遗体、不留墓碑，但是，他却留下了很多很多……

（本文引自2019年11月14日《人民日报》）

范文模板二：

北京有个李素丽

郭萍　吴晓向

北京。西直门站。

大雨滂沱。一幢幢巍峨的高楼隐现在一片烟雨朦胧之中。

雨幕中，挂有"工人先锋号"标志的1333号公共汽车缓慢进站。

乘客朝汽车蜂拥而去。男的、女的、老的、少的，有的扛着行李，有的拎着提包，争先恐后，步履匆忙。在各种各样的雨伞下、雨衣里藏着一张张焦虑的面孔。

"哗啦"一声，车门打开了，紧靠车门的窗口探出女售票员半截身子，她打开一把花格伞，遮在车门口。

雨点如断线的珠子砸在雨伞上，她的脸上、胳膊上都溅上了雨水。她招呼乘客们上车。

拥挤的人群变得有序了：他们一个个在雨伞下跺脚，脱下雨衣，折好雨伞，抖去雨水，依次上车……

她就是李素丽。中等身材，30多岁。海蓝色的套装整洁可体，淡妆轻抹的脸上，闪动着一双笑眼。

（本文引自1996年10月4日《工人日报》）

范文模板三：

"陆战雄师"：钢多气盈骨更硬
本报记者　孙继炼　周　猛　钱晓虎　梁蓬飞

"山高路远坑深，大军纵横驰奔。"

燕山脚下，易水之畔。此时，气温降至-15℃，中部战区陆军某师野外训练场狂飙再起，"平江起义团"官兵正在进行战术协同训练。记者目之所及，战车滚滚、铁甲轰鸣，官兵跃动的身影时隐时现。数九寒冬，这里处处涌动着练兵热潮。

一身战斗着装的团长张炎东，站在队伍的最前头，为大家讲解示范。最近一个月来，他和战士们都是在这里度过的。住帐篷、打地铺，吃住全靠自我保障……这个冬天对他们而言，确实不一样。张炎东说，往年野外驻训都等到春暖花开，今年足足提前了3个月。

钻进坦克，记者的手刚握上方向盘，就感到刺骨的冷。驻训第一天，车长薛飞鹏就冻病了，高烧39℃。他吞下一把药，继续铆在战位上，"练兵备战，不是看天过日子。条件越艰苦，越能练出好筋骨。"

严寒，磨砺着官兵们的意志，也逼出了低温环境下武器装备的"潜能"。坦克技师郭建川随口说出的几组数据，让记者听出了其中的变化：实弹打的是最远距离，机动跑的是最难路段，各项战技术定的是最高指标……

官兵们不畏严寒、战天斗地，不惧伤病、挑战极限的训练热情和动力从哪里来？

2018年1月3日，中央军委举行开训动员大会，习主席在该团向全军发布训令，要求全军指战员发扬一不怕苦、二不怕死的战斗精神，刻苦训练、科学训练，勇于战胜困难，勇于超越对手，锻造招之即来、来之能战、战之必胜的精兵劲旅。

历史总有惊人的相似：1935年11月，在中央红军长征的最后一战——直罗镇战役中，毛主席亲自指挥过这个团的"红二连"，并手书"英勇胜利"四个大字予以褒奖。

统帅一声令，挥戈向打赢。一个"勇"字，为这支部队注入了特殊的气质。1950年11月，在朝鲜战场一个叫"松骨峰"的山头，面对武装到牙齿的一个美军团，该师一个连的官兵毫无惧色，殊死一战，最后仅剩7人。

松骨峰的硝烟早已散去，习主席却念兹在兹。"红二连"连长李志伟清晰地记得，在视察该师军史馆时，习主席专门讲到了松骨峰战斗："这一仗打得很激烈，官兵战斗作风很顽强。"同时强调指出："我军历来是打精气神的，过去钢少气多，现在钢多了，气要更多，骨头要更硬。"

进入新时代，从当年血火中走来的部队，已经发展成为我军第一支数字化师；开启新征程，这支新型精锐力量一定还会面对新的"直罗镇""松骨峰"，他们能否与前辈一样敢打必胜？

"装备变强了，软件不软了，血性和作风更要硬！"在党委扩大会上，该师师长夏明龙话语铿锵："唯装备论""唯信息论"要不得，数字化部队更要锤炼精气神！

——严训苦练，砥砺敢打必胜的虎虎生气！

那天，现场聆听完习主席训令，二级军士长丁辉立即发动合成营装甲集群"第一车"。在习主席注视的目光里，一条钢铁长龙蜿蜒向西，展开48小时跨昼夜强化训练。

"三军统帅亲自做动员，什么是练兵备战的导向再鲜明不过了。"入伍25年，丁辉把装甲兵专业特级证书拿了个遍，可以轻轻松松"吃老本"。但听了习主席的训令，丁辉那颗有点"沉寂"的心被瞬间点燃了。

43岁的"兵王"开始了新突击。连续几天爬冰卧雪、高强度训练，他腰椎间盘突出的老毛病又犯了，却没有错过一堂训练课。丁辉说："今年春节，我就在驻训场上过！"

一名老兵的精气神，折射出这支部队的新面貌。某团驻训场，一场群众性创破纪录活动在训练间隙展开。九连连长胡美勇一马当先，独揽10公里越野、3000米跑等4项第一；另一项5公里越野，下士龙强拔得头筹。自此，该团这5项纪录分别由他们"冠名"，榜单一出，就有官兵当场向他俩下了挑战书。

记者观赛时，偶遇两名从生活服务中心前来参加训练的战士。"只会炒菜做饭可不行，上了战场，子弹不会绕过后勤兵！"他们说。

"开训即开战!"某团合成营从开训现场直接开赴50公里外的训练场,接受实弹战术考核。导调组一路出难题、设险局,屡屡将他们逼入绝境。

"拼了!"营长乔意成使出浑身解数,指挥分队运用信息欺骗、信息压制等手段,破"敌"外壳、卡"敌"节点,打出了数字化部队"耳聪目明、臂长拳硬"的优势和潜能。

——研战谋战,集聚横刀立马的胜战底气!

入夜时分,师机关办公大楼的灯又亮了。这是新年度开训以来第五次经典战例研讨,复盘、抗辩、推演,从师长、政委到机关干部,无一缺席。

现场有一个细节很耐人寻味:该师提供的一份材料里,各级首长称为"指挥员",值班室称为"固定指挥所",师团机关称为"指挥机构",看似简单的名称之变,却透着一股浓浓的硝烟味。

"大抓实战化军事训练,深入推进数字化部队建设管理和作战运用创新,聚力打造精锐作战力量",是习主席对该师提出的新要求。开训以来,他们对照习主席重要指示,三次修订完善新年度训练筹划和部队长远规划,全面砥砺基于网络信息系统的体系作战能力、全域作战能力。

记者踏访训练场,帐篷里的指挥员同样睡意全无。某团指挥员依托一体化指挥信息系统,演练将传统兵种与情报侦察、信息通联、电子对抗等新质力量有机融合的制胜之招,聚力突破"内部有烟囱、外部联不上"的瓶颈。这支数字化劲旅,既练敢打敢冲的"体能之勇",更练决胜千里的"信息之勇"。

——敢为人先,淬炼改革创新的凛凛锐气!

"轰!轰!"采访中,该师某机步团的不寻常举动,引起了记者的注意——进驻训练场当天就展开实弹射击。

曾几何时,单装操作、班排战术、营连协同、实弹射击,是装甲部队一以贯之的训练步骤。今年刚开训,这个团就一反常态,打响第一炮。副师长朱廷超介绍,长期以来,很多部队训练存在"年年都上一年级"的怪圈,所有课目都从"零"开始,按部就班,如此循环往复,部队战斗力始终在低水平徘徊。

"打破常规,需要敢于变革的勇气。"开训以来,该师基于大纲再造训练流程，变"先训后考"为"先考后训"，从"一锅煮"到"分类训"，根据力量编成新变化，探寻新的组训方法和战斗力新的增长点，使训练更加紧贴对手、紧贴战场、紧贴任务。

"能力营""任务营"，是该师的一项新创造。给记者的直观印象是，"能力营"按纲施训打基础，逐人逐装逐级快速形成战斗力；"任务营"时刻保持战备状态，战斗力指数始终"满血"，拉出营门就能打仗。在这个师，常年备战、随时能战不是一句空话。

新创造的背后，是这支部队鲜为人知的特殊使命。作为我军首支数字化部队，对全军同类型部队如何建、建什么、建成什么样子，具有示范引路作用。近两年，该师开始探索运用"合成战斗连＋支援保障连"的编组模式和任务式指挥模式，增强战场感知和兵种协同效能，围绕提高网聚能力畅通信息流转链条，使"万人千车一张网"走向现实。

"我们不但要输出智慧、输出经验、输出模式，也要输出'教训'，让兄弟部队少走弯路。"该师一位领导说，希望这块"试验田"开出更多创新之花，结出更多胜战之果。

数字化的部队，数字化的兵，钢多气盈骨更硬。即将告别营区，广场中央巨石上镌刻的几排红色大字映入记者眼帘——"时刻准备着，为勇敢捍卫崇高荣誉而战，为忠实履行神圣使命而战，为中华民族的伟大复兴而战！"

这是一代代革命军人用鲜血和生命铸就的铮铮誓言，更是新时代这支陆战雄师对党和人民的庄严承诺！

（本文引自2018年2月2日《解放军报》）

4.3　事件通讯

事件通讯，是指以报道典型的新闻事件为主的通讯。它或全面报道一桩重大新闻事件的来龙去脉，给读者提供关于这个事件的具体情节，深刻发掘这个事件所包含的思想意义；或从某一新闻事件中截取若干断面，反映若干场景，让读者窥一"斑"而知全"豹"。

事件通讯的题材非常广泛，可以报道广大读者瞩目的、渴望了解的、重大的典型事件和突出事件，包括无法事先预知、突然发生的事件，如政治冲突、民族骚乱、刑事犯罪案件、重大责任事故和各种突然降临的自然灾害等，以及在社会上产生较大影响的预知事件；也可以报道反映时代精神风貌的平凡小事；还可以报道催人奋进的事迹，批评错误的思想和行为。

根据报道内容和表现手法的不同，事件通讯可分为故事性事件通讯和纪实性事件通讯。故事性事件通讯所报道的通常是反映社会精神风貌的小故事，以小见大，传递高尚品质和时代精神文明，如普通人长期坚持为贫困山区失学儿童捐款捐物等。纪实性事件通讯所报道的往往是一些突发事件和在社会上产生较大影响的预知事件，如突发的泥石流灾害、突发的煤矿安全事故等。

4.3.1　写作格式

事件通讯的写作格式与人物通讯的写作格式基本相同，也由标题、开头、正文、结尾四部分组成，但这些并不是所有的事件通讯都必须具备的要素。事件通讯的写作格式比较灵活多变，有的事件通讯没有开头，直接就写正文；有的事件通讯没有结尾，事完文止。

在结构上，事件通讯既可以按照时间顺序和事件发生、发展的顺序来安排材料，也可以按照作者对报道事件的认识顺序来安排材料，还可以以空间的变换为依据来安排材料。总之，事件通讯的结构形式比较灵活，作者可以根据表达需要灵活安排。

4.3.2　写作技巧

事件通讯有以下几个写作技巧：

1. 情节要完整

事件通讯的写作，要保证新闻事件的情节相对完整，事件发生的原因、开端、发展过程、高潮以及结果都要尽可能地交代清楚。需要注意的是，事件发生的时代背景也要交代清楚，以便读者能清楚了解事件是在什么情况下发生、发展的，从而能更好地理解事件通讯的精神内涵。

2. 要以写事为主，以人写事

事件通讯以报道事件为核心，以写事为主。虽然写事离不开写人，但写人是为了写事，写人是为写事服务的。要在叙事中写人，不能孤立地写人，要处理好事件和人物的关系。

3. 采用多种文学表达方式

在撰写事件通讯时，为了让事件更生动、形象，更能打动人，可以采用多种文学表达方式，比如描写、议论、抒情等，把事件讲述得更加精彩。

4. 要突出重点

事件通讯要突出重点，把事件中最想展现的精彩部分突出出来，以更好地揭示主题，增强感染力。可重点写好事件中的一个或几个关键场景与情节。

5. 主要线索要清晰

事件通讯以写事为主，写人为辅。事件的主要线索一定要清晰，要完整地将事件的发生、发展、高潮以及结果客观清晰地反映出来，而且要贯穿全篇，这样整篇通讯才不会散乱。

6. 要善于以小见大

很多事件通讯报道的都不是大事，毕竟生活中的小事要偏多一些，这就要求作者写作时要善于通过小事透视出其所要弘扬的时代思想和精神，以小见大，从细小之事中挖掘出不寻常的内涵。

4.3.3 范文模板

范文模板一：

马氏"兄弟"跨越二十年的诚信

记者　王国庆　阙爱民　童浩麟

2月11日，农历小年，下午6点，河南开封。

马保东与马奋勇挤坐在一张沙发上，兴奋地规划着今后的合作。

二人都姓马，兄弟相称，但不是亲兄弟。哥哥马奋勇是汉族，新疆哈密人；弟弟马保东是回族，河南开封人。

过去的半年里，马保东一再约马奋勇来河南做事，马奋勇也打算在河南建立新疆名优产品展销中心，投资物流和生态农业。马年结束之前，马奋勇如约而至。

这"兄弟"二人是如何走到一起，又经历了些什么？故事还得从20年前说起。

1995年，马保东21岁，因做肠衣生意与长他一岁的同行马奋勇在河北省有一面之交。两人相互欣赏对方的实诚，一见如故。

河北分手不久，马保东只身赴新疆，去找当时在哈密市牧工商联合总公司肠衣厂工作的马奋勇。马奋勇在生意和生活上给了马保东无微不至的关怀和帮助。马保东到新疆进货，货款足时就在当地付；不够时，货到河南出手后再付，有时连个欠条都不用打。

1997年，马保东在新疆进了50多万元的货，资金缺口不小。马奋勇便拿出积蓄，又东拼西凑，借给马保东16万元。

没料想，货到河南，行情大变，肠衣价格狂跌不止，马保东顿时倾家荡产。此后的一年，马保东东挪西借，还了马奋勇近11万元，剩下的5.3万元再也无力偿还了。

在新疆，马奋勇的肠衣生意也陷入了瘫痪，父亲又重病卧床，家中债台高筑。

1998年，马奋勇曾到马保东在开封县杜良乡扫东村的家，"想看看保东弟能不能再还一点儿"。当看到马保东的窘境，他一个"钱"字未提，便转身踏上西行的列车，随后便到蒙古国寻求生意，一去就是13年。

两"兄弟"自此失联。

2003年，马保东东山再起。"生意是越做越大，但找不到马哥，还不了欠款，这事儿真成了我的心病！"马保东说。

他几乎托遍国内所认识的做肠衣生意的朋友，最后，总算知道马哥去了蒙古国，但就是联系不上。

"马奋勇""5万元"，成了马保东父子、兄弟那些年时常念叨的词儿。2008年，马保东的哥哥刚学会上网，便试着在网上寻人。当时他用"哈密马奋勇"搜到了3个"马奋勇"，虽然都不是他们要找的"马奋勇"，但也使他们看到希望。马保东的哥哥说，俺弟兄俩没事就在网上"敲""马奋勇"，一"敲"就是近4年。

2011年底，已是蒙古国中国农牧畜产商会会长的马奋勇，受家乡邀请返乡创业。半年后，他注册成立了喀尔里克畜牧开发有限公司。没多久，作为公司总经理的马奋勇便被保东的哥哥在网上给"敲"了出来。

"哥，你还记得我吗？我是保东，欠你5万多元的保东啊……你让我找得好苦啊！"电话里的马保东激动得语无伦次。

"哥，我终于能还你钱了。我要还本钱！还利息！还要加感情！我要还你100万！"马保东一口气说了好几个"还"。

电话那头的马奋勇也十分激动，连说："使不得，兄弟，使不得。说真的，失而复得的朋友比失而复得的金钱更珍贵。"

马保东告诉马奋勇，是他激励着自己奋斗了这些年，自己现在已是河南东信建设集团公司的董事长，"'东'是我的名字，'信'就是诚信。"

"兄弟"通话的当天，马保东就往哈密汇了10万元。他告诉马奋勇，剩余的90万元一分不动放在那里，等马哥来河南做事时用。

小年的开封已有了浓浓的年味。

饭时已过，马氏"兄弟"谈兴未阑。马保东向马奋勇介绍了东信公司今年向物流和生态农业拓展的打算。

"这真是不谋而合！我们公司的展销中心上半年就要在河南18个市铺货。"马奋勇说。

"哥，开封这一块儿可得交给我呀。咱马氏'兄弟'的合作可绝不止90万！"马保东说。

"有保东弟这样的朋友，我来河南发展就这样定了！"马奋勇说。

（本文引自2015年2月15日《河南日报》）

范文模板二：

在这里，找到患者信任的理由
——上海长征医院肾内科血液透析中心夜间服务探访记

深夜，除了急诊和住院病房，没有一家医院的诊疗科室还会接待病人。但上海长征医院肾内科血液透析中心是个例外——这是全国唯一一家提供24小时服务的血透中心。

为什么一个肾内科血液透析中心要开夜班？

"因为需要血透的病人太多了，每天多开一班，就可以多让80位患者得到治疗。"

"因为夜间这8小时一班的长时间透析，可以让部分病人获得更理想的治疗效果。"

"因为尿毒症患者也要过正常的生活，多开夜间这一班，他们治疗完了第二天就可以照常去上班。"

"因为这样对病人好！"

…………

"一切都是为了病人好！"拥有国内一流、国际领先的血液净化技术，如今的长征医院肾内科血液透析中心，是国内很多尿毒症病人"解毒"的首选之所。上周末的深夜，本报记者蹲点血透病房，试图从护理组通宵服务患者的近旁，寻找患者信任长征的理由。

加开通宵服务，"以时间换空间"

这是一位尿毒症患者的自述："我们就像武侠小说中描写的那些中了毒的人，毒性定期发作时，就必须有解药解毒。"

尿毒症，在临床医学上也被称为慢性肾衰竭。作为常规的治疗手段之一，病人需要定期到医院做血液透析。

10月23日晚9点过后，长征医院6号楼整整占据两个楼层的血透中心病房，被灯光照得敞亮，护士们正在近100张病床边的一台台血液透析机旁忙碌着——连接透析液、冲洗管路、准备穿刺包……

晚上10点，病人们陆续来了。"小妹，侬好呀。"在3楼的一间血透室，有的病人一边铺床，一边和护士热络地聊开了。

和普通医院的血透室相比，长征血透中心最特别的地方在于：从2009年开始，每周一、三、五加开了夜间长时服务。

解放军肾脏病研究所所长、长征医院原肾内科主任梅长林教授算过两笔账。第一笔账关于病人：加开通宵血透服务后，可以一下子多接收80来位病人。对常年"一床难求"的现状来说，这是一种"以时间换空间"的办法。

可当梅长林算第二笔账时，却不免心疼：夜间长时服务推出后，护士必须在"三班倒"的基础上再开出第4个通宵班头，护理团队的工作量大幅上升。

但肾内科仍然决定坚持。梅长林说，加开夜间长时服务更重要的是，可以让一部分病人获得更理想的血透治疗效果，有效改善透析并发症。"举个简单例子，一个病人做血透，拉水4千克原来需要4小时，现在用8小时，时间多了，透析会更加彻底。"科室跟踪调查的结果显示，夜间血透6个月后病人血磷、iPTH值显著下降，血钙水平维持稳定，病人贫血现象减少。

于是，记者就看到了这样一幕：有的病人是拎着公文包"入住"的——做完通宵血透后在病床上多躺1个小时，次日就直接去上班了。而年纪大一点的病人，像65号床的阿姨，做好血透第2天直奔小菜场……梅长林说，随着血透技术的发展，医护工作者不仅要帮助更多病人活下去，而且还要让他们活得有尊严，重新实现自己的价值。

难度最高的穿刺留给最资深的护士

病人做血透，从穿刺开始。每个病人的手臂上要连扎2根穿刺针连通两根血管通路。其中一根管路是把病人的血液引进透析器，通过机器的工作，排掉血液中的毒素和水分，然后经由人机血液循环回路，通过另一根管道把净化后的血液送回体内。

"小盛，谢谢你哦！今天（打得）也蛮好的，不疼。"65号床的阿姨说话中气足。她有一条典型的尿毒症患者的手臂：左手臂中间就像长出了一段小茄子，这高高隆起的肿块，是常年做血透，血管严重扩张造成的。

这条变形的手臂，并没有难倒给她做穿刺的护士盛美美。盛美美是这天当班护士中年纪最小的一位,虽然工作只有1年,但在这个病房,她已经"站稳脚跟"了。

大概没有人会体贴地去计算一个尿毒症患者一年要打多少针,长征医院血透中心却把这当成大事——一个患者1周血透3次,手臂上一次扎2针,一年就要扎312针。每根穿刺针直径1毫米左右,要是护士穿刺时失手,不仅病人会疼得哇哇叫,而且由于病人静脉做过造瘘手术,血流速度比常人快,一旦穿刺失败,血液会直接喷到天花板,后续的止血、重新穿刺都意味着大麻烦。

晚上10点15分到11点,是病人穿刺的"高峰期"。这一天,28岁的护士杨茜已连续"救场"两回。"都是穿刺难度比较高的病人。"

杨茜是这天当班的15名护士中比较资深的一位。她告诉记者,为了病人好,血透护理组团队有个传统:遇到穿刺难度最高的病人,护士没十足把握绝不会逞强,都会主动转交给团队里更资深的护士操作。

"我的带教老师手里就有这样的病人,手臂肿得跟小腿一样粗,只有我老师能应付。"盛美美说。

长征医院血透中心有一个让病人放心的纪录:一次穿刺成功率几乎100%。

"我负责治病,你负责信任我"

能获得那么多患者的信任,全因为长征血透中心把守住尿毒症病人的"生命线",看作是一项系统工程——"呵护生命线,需要高质量的护理作为后盾;而构筑生命线,则需要精湛的专业技术"。

接受血透治疗前,患者都接受过造瘘手术,让左手臂上的一根静脉实现动脉化。肾内科主任郁胜强介绍,为病人构筑"生命线"会遇到各种复杂棘手的情况。比如,有的病人年事已高,还有高血压、糖尿病等并发症,血管硬化又偏细,要找出一根适合做瘘的血管并不容易,需要医生凭借丰富的专业经验突破技术难题。"做内瘘手术时,医生要把病人静脉的一端接到一根动脉口子上,这可是个复杂而精密的技术活,都是一针针手工缝合的。"有些转院病人此前经过多次造瘘,手臂已无完肤,再也找不到适合做手术的血管,医生就必须通过其他途径建立血管通路。

长征医院肾内科血透中心在国内开展第一例人造血管通路后,已为

15000例血透病人解决了血管通路难题。

记者偶然发现，在郁胜强的手机通讯录里，存着几千个号码，其中一半以上是病人的。和许多人拒接陌生来电不同，他有个习惯：工作再繁忙，但凡手机上显示为红色的未接电话，都要抽空一一回复，他说，这十之八九都是病人打来的，他们遇到的难题，或许性命攸关。

"我负责治病，你负责信任我。"郁胜强说的这句话，是全体医护人员的心声。

绝不允许"小眯一会儿"

大约凌晨4点开始，护士休息室飘出淡淡的咖啡香。"这个点最容易犯困，有的护士会喝两口咖啡提神，再奔回病房。"杨茜说。血透中心的护士们轮上长达近11小时的夜班时，连"小眯一会儿"也不允许。

通宵血透室11点半后熄灯，从这一刻起到次日天明，护士便进入更高强度、更紧张的工作状态。她们打着手电在病房里巡视，挨着床沿近距离观测每位病人的体征和透析仪器上的读数。"要很仔细地倾听病人的呼吸声，一旦发现病人出现低血压或者昏迷，就要及时投入抢救。而且，万一病人睡熟后手一动针头滑出，若不及时发现就会危及生命。"

护士们的高强度、高压力工作，换来了另一个让病人们放心的数字：在长征血透中心，病人的无症状透析率高达98%。

10月24日早晨6点过后，做完血透的病人开始离开病房，可这个班头的医护工作还没有结束，她们要为下一班病人准备好一切……

待血透中心夜班的护士们下班，时针已经指向早晨8点半，太阳早就升起来了。

（本文引自2015年10月29日《文汇报》）

4.4　工作通讯

工作通讯是反映贯彻执行党的路线、方针、政策中的成绩，总结实际工作中的经验、教训，或者探讨有争议的亟待解决的问题的报道。它对提高工作水平、总结经验、指导工作、宣传政策很有帮助，能够较全面、较直观地反映本地、本单位的工作情况。

工作通讯报道的内容多与经验和问题相关：

一、展示各项工作中的成功经验，发现和提炼启迪人的新思想、新观念。在报道典型经验时，除采取综合消息的形式外，工作通讯是最具有传播效果的一种新闻体裁。

二、反映工作中的问题和教训，揭示这些问题和教训中带有普遍意义的内涵，以引起公众的注意，推进各项工作的顺利进行。这种类型的工作通讯较多地体现在调查性报道上，更侧重于揭露问题、展开批评。

三、剖析工作中的难点问题，探讨对策与解决方法。这种类型的工作通讯较多地体现在分析性报道上，不仅要通过调查，展现工作过程中的各种问题和矛盾，还要对此进行分析与解剖，找出问题的原因，探寻可能的解决方案。一般来说，这类通讯要紧扣工作中的"老大难"问题和大众关注的热点问题。

工作通讯的主旨是概括经验，总结教训，分析问题。它可以报道不同领域、不同行业中的新情况、新问题、新经验、新矛盾、新趋势，提出问题，分析问题，解决问题，最终给人们以启发和指导。

工作通讯的政策性、指导性较强，要求写出背景、做法、成就、经验、教训，概括总结略带有规律性的东西。它比典型的报道更详尽，比工作总结更生动具体。

用事实说话是工作通讯的一个重要特征。报道的内容一定要客观真实，不能弄虚作假、歪曲事实。客观真实是写好工作通讯的必要前提。

工作通讯不拘泥于形式，随笔、散记、侧记、札记等形式均可。

4.4.1 写作格式

工作通讯的写作格式与其他通讯的写作格式基本相同，也由标题、开头、正文、结尾四部分组成。工作通讯的标题一般都是单行标题或多行标题，即有的只有主标题，有的除了主标题，还有副标题，其中主、副标题都有的最常见。

4.4.2 写作技巧

工作通讯在新闻报道中占有重要地位，是宣传的"重型武器"，在不同的历史时期都发挥着重要的作用。工作通讯有以下几个写作技巧：

1. 选材要有代表性

工作通讯在选材上要有代表性，要抓住实际工作中具有普遍意义的、重要的、关键的问题，总结经验教训。只有这样，工作通讯才能起到较好的警醒和指导作用。

2. 要把问题和经验讲透

工作通讯的主旨是总结经验教训，分析、研究、解决问题。因此，要努力把问题和经验讲透。要想做到这一点，前提是选好事例，要选择那些具体、典型、有说服力的事例。在选好事例后，要对其进行深入分析，把问题和经验讲透。

3. 要有现场感

工作通讯是以事实说话的，而事实离不开实践。如果光闭门造车，不实践，那么写出来的工作通讯其说服力和感染力就不会强。所以，要想使工作通讯有见地、有深度，最好深入一线亲自体验，掌握第一手材料，这样写出来的报道才有现场感，才能真正打动人。

4. 尽量生动具体

工作通讯由于要谈论经验，分析问题，总结教训，因此不容易写得生动具体。然而，为了避免给人留下板着面孔教训人的呆板印象，还是要尽量写得生动具体。在撰写工作通讯时，可在语言运用及表现手法上多下功夫，引经据典，旁征博引，力求表述形象、生动，提高其可读性。

4.4.3 范文模板

范文模板一：

"卧龙"何以腾飞
——看蕲春县茅山中学如何化茧成蝶实现教育脱贫
记者　方新平　通讯员　耿锋锋

蕲春县彭思镇茅山中学过去是一所偏远的农村薄弱初中学校，在日益城镇化加剧的道路中，始终围绕"以教育之美润泽生命"的教育发展理念，积极推进教育教学改革，不仅打开了薄弱学校发展的瓶颈，在办学质量上也实现了质的提升，中考成绩连年总占位跻身于同类学校前五名（语文、历史学科居全县第一），连年荣获市、县教育部门素质教育综合考核先进单位，在均衡教育发展中彻底摘掉了薄弱贫困的帽子，日渐成为蕲春农村教育的旗帜和窗口。

10月20日，记者走进了这所位于长江之滨的美丽校园，实地感受了茅山中学，在均衡教育发展的征途上、在困境中寻找突破，沉淀出勤奋务实的教风，活泼善爱的校风，在农村基础教育中砥砺前行的感人故事……

巧匠呕心雕美玉

茅山中学是蕲春县彭思镇境内的一所地方中学，原茅山镇并入彭思镇以后，无论是师资力量还是硬件设施都极其薄弱，曾经是我市教育系统有名的薄弱学校之一。

近年来，该校继承发扬艰苦奋斗的优良教风，不断在教科研领域开辟新途径，在进步中寻找突破点，用行动印证教书育人的含义。

"教师是学校发展的第一生产力，教学教研是促使自我提升、浸润情怀教育、打造精品教育的唯一途径！"校长陈晔说，改变师资力量薄弱的现状，关键是要让老师有危机感，尤其是在体制的不断完善中注重自身素质的提高和教学水平的磨砺。

面对农村师资编制在结构和课程上的严重短缺，茅山中学不等不靠，积极谋划。为此，该校在教师管理上彰显人文关怀，并创造性地对教师实施透明管理，每一位新进老师都制定出一套培养计划，安排一名培训老师传帮带……

女教师张晗，2017年大学毕业后到该校代课，为让她迅速成长为教学能手，校长陈晔根据其工作特点，给她量身定制了一套专业的培养计划，并指派老教师叶建春从教学设计、课堂指导、课后辅导、职业情操的培养等方面进行全方位辅导，结合听、评课，让其反思自己的课堂实效和教学方法……经过两个学期的呕心雕琢，张晗老师不仅成功考上正式教师编制成为一名光荣的人民教师，还很快成了学校的教学骨干。

还有山东籍大学生耿锋，也是在副校长郭新军的亲自培养下，成为茅山中学的核心力量和语文学科带头人，多次荣获全县教师新秀赛一等奖和优质课一等奖，去年被提拔为学校政教主任。

巧匠们呕心沥血，学校教师都潜心钻研教育新理念、新教法，主动在教研和教改上下大力气，在学习中不断提升自我、浸润情怀教育、打造精品教育，把学生的创造性发挥得淋漓尽致，每堂课都发挥出最大的效益。

严师沥血育英才

教师是学生的一面镜子，再先进的教育手段替代不了教师言传身教的功能。

茅山中学一班人民主集中讲团结，勤政廉洁讲示范！在涉及骨干教师评选、岗位晋级、评模表彰等个人终身利益时，坚持表现出优雅大度之气，不吵不闹，不申不诉，不愤不怒，时刻不忘自己主人翁责任、自我奉献精神；在教育教学中班子成员都坚持多带课、带主课，时时刻刻不忘率先垂范！

班子成员率先垂范，全体教师个个争先，一个以王文、张德林等老辈教师为楷模；王国斌、王仁鹏、余国平、叶建春等中年教师为骨干；叶艳元、刘吉祥、叶小宝、石美云等青年教师，何敏、王晨、骆玲、叶成等新机制教师为基础的优秀教师团队，成为茅山中学发展的最强劲动力。

家住茅山附近的学生刘洪，六年级升到七年级时，学习成绩处于班级的中下游，王仁鹏老师经过观察，发现该生学习精力不够集中，仍有学习潜质没有发挥，主动为其制定学习计划，在开辟第二课堂上做文章，用多元教学法精心培育，去年秋季该生成功考入黄冈高中培优班。

还有，转校生骆高蕲腾，刚到茅山中学时，对学校的教学创新模式也不很适应，王国斌老师接手成为其班主任后，主动根据其各科发展状况，精心培育辅导，使其当年考入蕲春一中培优班，2017年高考再次夺魁，成功考入北京大学，成为蕲春教育的骄傲。

（本文引自2018年10月30日《鄂东晚报》）

范文模板二：

这里的黎明静悄悄——转型发展的苏州之路

新华社记者　王存理　陈二厚　刘　铮　陈　刚

苏州，依然是那个苏州。

这座经历了2500多年沧桑的历史文化名城，至今仍然坐落在春秋时期的原址上，小桥流水、温婉宁静，以"人间天堂"著称天下。

苏州，已然不是那个苏州。

作为改革开放的一名排头兵，历经近40年发展转型，苏州已经坐上全国工业总产值第二大城市、经济总量第一大地级市的交椅。

今天，处在"量转质"关键跃升期的苏州，一场深刻的转型蜕变正在悄悄而坚定地进行。

曙光乍现：在发展演进的时间轴上，苏州经济以产业、结构、效率一连串阶段性的嬗变，向"新、轻、高"转型

今年4月10日，美国华尔街日报在题为《中国迅速崛起成为生物制药强国》的深度报道中，第五次报道苏州的信达生物公司，认为信达的迅猛势头代表了中国生物制药产业的未来发展。

这家初创不到6年的科技型企业，第一次把中国人发明的生物药专利，卖给了世界500强、国际医药巨头美国礼来公司，首付以及后续各进展阶段的付款共计将达33亿美元，震动世界同业。

"筛抗体有点儿像在江河中钓鱼养鱼，以钓到鱼为起点，养大了就是药。我们的努力，终于迎来了黎明。"信达生物公司创始人、董事长俞德超说，到2020年随着五种新药上市，公司的年销售额将突破100亿元。

君到姑苏见，人家尽枕河。依水而生的苏州，以"上善若水"一般的秉性，持续应对着转型中的各种挑战。

在世界经济风云诡谲，国内原材料、劳动力成本持续攀升的大变局中，素以制造业立市的苏州部分制造业外移，出口和利用外资也遭遇挑战。

然而，苏州经济不仅没有如外界担忧的"掉下来"，一些阶段性、趋势性变化正在发生。

——苏州在变"新"，"老苏州"正在强势崛起新产业。

在推动发展的动能转换中，苏州今年将迎来一个标志性转折点。

纺织、钢铁、机械及各色代工企业，以往一直是苏州经济支柱。2010年，传统产业占苏州规模以上工业比重的72%，新兴产业占28%；2016年，传统产业占比降到50.2%，新兴产业上升到49.8%。

"今年新兴产业占比将超过50%，这是苏州经济新旧动能转换的关键节点。"苏州市经信委副主任李忠说。

苏州经济中的"新"气质正在凸显。连续五年，苏州新兴产业投资占工业投资的比重超过60%。如今，苏州科技进步对经济增长的贡献率达62.9%，高于全国6.7个百分点。

在苏州市政府研究室主任卢宁看来，以新能源、生物技术和新医药、高端装备制造为代表的高技术、高附加值产业，成为引领苏州经济发展和产业升级的主力。

——苏州在变"轻"，"制造业苏州"正在变成"服务业苏州"。

以乡镇企业和代工工业起家的苏州经济，几乎是和制造业画等号的。然而，不知不觉中，苏州已经摇身变成了"服务业大市"。

苏州第三产业占比2015年首次超过第二产业，2016年首次过半达到51.5%。虽然步伐略慢于全国，但这对于工业总产值达3.58万亿元、在全国城市中仅次于上海的苏州来说，已是巨大转变。

这不是简单的此消彼长，而是二三产业融合共生、互为支撑。金融、现代物流、科技和信息服务等生产性服务业增加值，在苏州服务业中占比超过了50%。

"企业采用我们的服务,可以让创新更精准、更直接。"江苏天弓信息技术有限公司董事长程军峰介绍,通过"云计算"技术,公司可以追踪5000多个技术专题和7000多个机构的全球专利布局,为企业客户创新发展找准方向。

——苏州在变"高",曾经急剧扩张的苏州正在变成精细增长的苏州。

以全国0.09%的国土面积,创造了全国2.1%的GDP,苏州的土地开发强度已经达到了"天花板"。

苏州选择了土地集约利用这一抓手,追求更高效益的发展。苏州吴江的部分企业很快会收到一份特别的"体检表"。根据亩均税收、污染排放等情况评分,其中排名后5%的企业被列为限制发展企业。这些企业要么自己搞技术改造升级,要么逐渐会被差别化的水电气、排污权等价格机制淘汰。这张"体检表"将逐步推广到全市11万家工业企业。

3年前,苏州就提出淘汰落后改善环境三年行动计划,每年腾退万亩土地、关闭超过700家企业,去年加码到五年。

"只有把低端低效产能挤出去,创新资源才能迎进来。"苏州市经信委主任周伟说。

苏州每平方公里土地的产出,已经从2006年的0.57亿元,上升到2016年的1.79亿元。

绿荫不减来时路,添得黄鹂四五声。

循着经济演进的时间轴与世界产业布局的空间轴,苏州正在校准自己的新坐标,抬升在全球价值链上的新位置。

静水深流:没有轰轰烈烈、翻天覆地,在坚守中渐变,在超前规划中梯度布局,苏州转型有了更多支撑底气

一直走在全国前列的苏州经济,也先于全国遭遇发展的瓶颈。

苏州市统计局的一份研究报告显示,早在2006年前后,苏州出口、投资、工业、用地等主要经济指标明显出现阶段性变化,下行压力凸显。

进入新世纪尤其是国际金融危机以来,苏州经济面临动能转换和产业升级的挑战,苏州又一次站在发展转型的重要关口。

经历了20世纪80年代乡镇企业大发展实现"农转工",90年代和新世纪初抓住浦东开发开放和加入世贸组织机遇实现"内转外"之后,苏州正在经历"量转质"的关键跃升。江苏省委常委、苏州市委书记周乃翔说,这一次转型是根本性的,也是难度最大的,必须持之以恒、久久为功。

——坚守实体经济,苏州转型一直盯着这一主心骨。

"沙钢转型升级,不是不要钢铁了,而是要把钢铁做强做精,这是毫不动摇的。"世界500强沙钢集团董事局主席沈文荣,虽已年过七旬,仍每天早上七点到厂里工作,说起沙钢的未来铿锵有力。

沙钢十年前已经停止了粗钢产能的扩张,集中力量向科技和管理要效率。五年前,沙钢只有15%的产品达到具有国际竞争力的水平,如今超过了一半。沈文荣打算,未来五到十年沙钢要把人均产钢量从目前的全国前列,提高到世界领先,这意味着人均产钢量将从1200吨提高到2000吨。

"面对大风大浪,苏州经济是有底气的。坚守实业使苏州经济有了主心骨,坚定迈向产业中高端。"苏州市经信委副主任李忠认为,在培育发展新兴产业的同时,传统产业的提质增效仍然有着巨大空间。从今年一季度情况看,苏州经济发展的向好既有新兴产业的引领,传统产业也做了很大贡献。

——预见性布局新兴产业,苏州转型赢得新空间。

看苏州经济,绕不开第一大支柱产业电子信息产业。这里不仅有智能手机生产填补笔记本代工外移空缺的切换,更有掌握自主知识产权技术的孵化和培育。

苏州昆山龙腾光电有限公司,世界第六大笔记本面板、第七大手机屏幕供货商。今年以来新品大量出货,前五个月利润已经超过了去年全年。

"十二年前笔记本代工如日中天时,昆山就意识到了'缺芯少屏',出资120亿元投资龙腾光电。如今昆山形成了世界级的完整光电显示产业链,掌握了国际市场话语权。"抚今追昔,公司行政管理中心总经理蔡志承深有感触。

在液晶面板日子好过时,新一代显示技术便已布局。源自清华技术的昆山维信诺科技有限公司,去年底推出可180度对折柔性AMOLED(有源驱动型有机发光)显示屏,有望今年底量产,预计2020年AMOLED市场规模超过700亿美元。

"苏州的转型升级就像种树一样,超前谋划、梯度布局、注重培育,保持耐心、持续推进、不大呼隆。"苏州市专家咨询团负责人方世南教授说。

——戴上眼镜看差距、精益求精谋细节，苏州转型凸显新追求。

经过改革开放近40年的发展，苏州经济早已过了飞速长个头的阶段，仿佛一下子安静甚至平淡了下来。然而，其中的内涵提升，更加耐人寻味。

精细，是苏州人的性格。对苏州企业家来说，这不仅是性格，更是他们干事创业的态度，他们共同雕琢着苏州经济。

"现在国内很多产品，不戴眼镜看和世界先进差不多，戴上眼镜看差距就出来了。我们去国外顶尖企业考察发现，他们做的98%国内同行能做到，但就那2%很关键。"常熟开关制造有限公司董事长王春华说，要把产品的细节做到极致，打造成行业里的"奢侈品"。

对输变电设备开关而言，稳定性是第一位的，而这种稳定性是要靠一道道加工流程每一个细节的一致性来保障的。王春华说，通过尽一切办法抓工艺流程和质量检测，他们的产品故障率只有国内同行平均水平的不到十分之一。他们新产品一上市，立刻会被国际顶尖同行买去"解剖"研究。

"苏州现在的发展，就像苏州非物质文化遗产核雕（雕核桃）一样，进入精雕细琢阶段。这个阶段看上去动作没那么大，但实际上要付出更多的努力。"苏州工业园区管委会副主任孙燕燕说。

高位起跳：苏州转型升级仍处进行时，尤需持续打好产业、人才、环境"三张牌"，赢得从高原迈向高峰的新未来

如果把世界各个城市的发展比作是一场马拉松，那么笑到最后的一定是后劲最足的。

早已融入全球产业链的苏州，未来发展只能在全球视野里去谋划，在全球市场的风浪中去搏击。

——一批高成长的产业集群相继聚集，正在破解苏州转型发展"有高原无高峰"的困境。

苏州坦承，自己"有高原无高峰"。如何培养出"苏州的华为"，很多人在思考。南京大学经济学教授刘志彪说，苏州缺少像华为那样强大的本土科技企业，这固然与地域文化不同有关，但仍有可作为之处，要千方百计创造环境，鼓励科技企业大胆闯大胆试。

"在小核酸药领域，追求小成功是没有意义的，必须大成功，每个都是重磅炸弹。"苏州昆山创源科技园管理有限公司总经理苟标说，正在做的治疗肝癌的药，目标就是跟国际制药业巨头争"一线"，就是说只要有了这个药，患者就不会选其他的。

小核酸被称为全球制药领域"第三次浪潮"，这是难得的一次与全球同步甚至领跑的机会。如今全球同行都知道"做核酸，到昆山"。昆山的小核酸药已有4个品种在临床三期，最快明年底能上市。

"现在我们到了收获期，'十三五'会有好的表现，'十四五'会爆发式增长。"苏州市委常委、苏州工业园区党工委书记徐惠民说。

不鸣则已，一鸣冲天。生物医药、人工智能、纳米、集成电路……苏州精心培育的这些新兴产业，每一个都是关系未来的重量级选手。

"我有一种感觉，苏州一些企业正处于迸发的前夜，有些马上就可以和世界最先进的并跑。"苏州市政府研究室主任卢宁去了不少新兴产业企业调研后认为。

——未来苏州发展正在形成新的优势，人才和科技资源正在加速汇聚，"创新高地"正在成形。

就在苏州转型升级的关键时期，微软把全球最新的研发中心设在这里，带来了来自十几个国家的800多名科研人员。博世、艾默生等一批世界500强也都在苏州设立了研发中心。

微软苏州常务副院长张晧勇说，微软看中了苏州的人才、环境、产业、生态和理念，希望能把这里打造成全球人工智能的"硅谷"。

"别的地方大多还在招商引资，我们这里更注重招才引智、招所引院。"苏州市科技局局长张东驰说，苏州实现了产、学、研、政府、金融全产业链联动，往往能够达到"引进一个人、带来一个团队、培育一个产业"的效果。

当前，苏州219位高层次人才入选国家"千人计划"，其中创业类人才达120人位居全国大中城市首位。苏州经济总量位居全国城市第七位，而发明专利申请量和授权量列第四位。

然而，与上海、深圳相比，作为一个地级市，苏州如何加快集聚创新高端要素、以"人才高地"打造"创新高峰",仍然需要长期持续努力。

——以协调发展增添"人间天堂"新魅力,苏州正努力把环境吸引力打造成面向未来的竞争力。

这是一份协调发展的清单——

居民人均收入位居全国城市前列,苏州人更多分享到了经济发展的成果;

城乡收入差别是全国大城市中最低之一,城镇化率超过了75%,在全国率先实现城乡养老、医疗和居民最低生活保障三大并轨;

十个区县产业各具特色,经济发展和公共服务水平都比较均衡;

绿水青山和文化古迹保存比较完好,更是增添了苏州的魅力……

梧高凤必至,花香蝶自来。

纵观世界,无论是美国西雅图,还是日本筑波,创新型城市的吸引力既要靠科研基础、营商环境,也离不开优美的生态环境、完善的公共服务。

"既宜居又宜业,既宁静又繁华,历史悠久与创新创业交相辉映。"苏州市委副书记、代市长李亚平说,苏州必须持续做强环境吸引力,这既是对祖先留下财富的传承,更是面向未来的核心竞争力。

晨曦初露,苏州开启了新的黎明,静悄悄的。

老城中心的平江路,最完整地保留了"水陆并行、河街相邻"的双棋盘格局和"小桥流水、粉墙黛瓦"的水乡风貌。这里,散步的老人,留影的游人,定格了苏州的历史。

从平江路向东南方向行车半小时,独墅湖畔,生态新城。中科院纳米所、哈佛大学韦茨创新中心等众多国内外科研机构和院校聚集,一大批软件开发、创意设计等新兴企业如雨后春笋。这里,色调明快的玻璃幕大楼,朝气蓬勃的年轻面孔,昭示着苏州的未来。(参与记者姜琳、刘巍巍)

(本文引自2017年7月5日新华网)

4.5 风貌通讯

风貌通讯，又称概貌通讯或者旅行通讯，是以报道社会状况、时代变化、地方物产以及风土人情为主的通讯。报刊上的见闻、巡礼、散记、侧记等多属于此类通讯。

风貌通讯常见的形式有四类：见闻类、巡礼类、散记类、侧记类。

见闻类风貌通讯主要记载作者的所见、所闻、所感，通常包括见闻、见闻录、访问记、参观记等。这类风貌通讯比较强调客观性。由于多以作者的行踪为线索记录见闻，因此见闻类风貌通讯充满了新鲜感。

巡礼类风貌通讯，就是随着作者足迹的变换，笔下的场景也随之发生改变。与见闻类风貌通讯不同的是，这类风貌通讯的材料相对零散，往往以巡游为线索，将零散的材料组织成篇。

散记类风貌通讯，就是作者来到一个新地方后，将给自己留下深刻印象的人、事或者景物记载下来。它通常较为新颖，表现形式灵活，与散文有些类似，但具有新闻性。

侧记类风貌通讯往往不反映事物的全貌、全局，而只抓住其中的几个侧面，进行局部的介绍。

风貌通讯具有以下三个特点：

一、题材广泛。风貌通讯既可以写社会状况，也可以写自然风貌，还可以将二者融合。

二、报道对象灵活。风貌通讯既可以反映社会的新变化、新气象、新面貌，也可以报道乡村的人情世故、风土人情，还可以报道历史文化遗产。

三、形式多样。风貌通讯的形式灵活多样，报刊上的见闻、速写、侧记、纪行、巡礼等多属于风貌通讯。因实际需要不同，形式也可随之改变。

4.5.1 写作格式

风貌通讯的写作格式大体上与其他通讯的写作格式类似，也由标题、开头、正文、结尾四部分组成。

由于风貌通讯不像人物通讯、事件通讯那样有故事情节，因此在结构安排上通常不以时间为顺序，而以空间的转移为顺序。风貌通讯的写法有很多种，作者可根据表达的需要，灵活采用。这里主要介绍两种写法：一种是客观转移法，即以第三人称的写法，客观地切换视角，常常先描绘全貌，然后再具体描写局部情况；也可以先从局部落笔，再展示全貌。另一种是主观转移法，即以第一人称的写法，根据作者采访、观察的顺序安排结构。具体来说，就是跟随作者参观、访问的足迹，步移景换，描绘、记述所见、所闻、所感，同样可以反映事物局部和全貌。这种写法由于比较随意，给人一种亲切感，同时，也便于议论和抒情，因此被大多数人采用。

4.5.2 写作技巧

在写作技巧上，风貌通讯的写作需要注意以下几点：

1. 突出"新"和"变"

风貌通讯倾向于写新情况、新见闻、新变化，因此在写作时应把着眼点放在求"新"和求"变"上。可以通过对比、衬托等文学手法来突出"新"和"变"，比如新旧对比、大小对比、好坏对比、作用对比、影响对比等。

2. 灵活表达

与其他通讯相比，风貌通讯要求有更强的文学性，所以在写作时可以灵活采用多种表达方式，以求生动活泼、形象具体，给人留下深刻的印象，增强宣传效果。可以边叙边议，叙议结合，还可以加入抒情方式，比如借景抒情，努力做到情景交融。

3. 表现手法多样

在文学表现手法上，除了上面所说的可以采用对比、衬托等手法，还可以根据具体情况采用其他文学表现手法，比如拟人、夸张、类比等。目的是力求传神，增强感染力，吸引读者。

4．增加趣味性

为了使风貌通讯形象生动、感染力强，作者在撰写前要先了解与所要描绘事物有关的历史沿革、地理变迁、文化典故、民间传说等，并在撰写时将这些灵活融入其中。这样将知识和情趣结合在一起，能让风貌通讯变得生动、鲜活。

4.5.3　范文模板

美哉，米脂婆姨
本报记者　孟西安

"米脂的婆姨绥德的汉，清涧的石板瓦窑堡的炭"，这句赞美陕北人杰地灵的民谣，开口赞颂的就是"米脂婆姨"。

在桃花盛开的时节，记者再次目睹了"米脂婆姨"的风采。

十年前记者曾来此采访，街上的米脂婆姨，服饰单调，"包装"陈旧。而现在变了，街头不时闪现身着桃红、橘黄、翠绿、绛紫而又款式新颖服装的姑娘、婆姨，大都十分俊俏。

在被沉重的山体挤压的陕北沟岔里，出奇的是这个地方，偏僻而不荒落，贫困而不低俗。《米脂县志》云："此地有米脂水，沃址宜粟。米汁淅之如脂，故以名城。"米脂的小米金灿灿、喷喷香，吃了使人健美、漂亮。明末农民起义领袖李自成和三国时有着羞花闭月之貌的貂蝉，就是米脂人。

记者沿着七转八弯的沟岔和山路，来到貂蝉出生地艾好湾"貂蝉洞"前。"艾好湾的女子长得都俊俏呢！"县委书记刘正义指着村头一位身着红毛衣、头扎又粗又黑辫子的年轻婆姨说。

"我是个丑女子，比我俊的婆姨多着哩！"这位叫李飞的婆姨见记者不停地对着她拍照，羞怯地说。不一会，峁坡上涌来一群年轻女子，嬉笑着来看热闹。抬眼一望，个个长得水灵灵，洋溢着青春的魅力。

由于米脂婆姨远近有名，历来外嫁的多，因而米脂素有"丈人县"

（岳丈县）之称。近些年来，外地前来招工、招服务员和演员的每年都有好几拨。1992年以来，仅由县劳动人事部门介绍到外地工作的米脂姑娘就有1400多人，是年轻后生的两倍多。

来到米脂和榆林，听听男人和后生们夸米脂婆姨的酒歌，那可是一种享受。一天傍晚，记者与榆林行署专员施润芝共进晚餐。席间，大家得知我们前来采访米脂婆姨，兴致顿起，竟对起夸米脂婆姨的酒歌来："陕北的山来榆林的水，米脂的婆姨实在美""毛格闪闪的大眼粉格格的脸，米脂婆姨赛天仙"……均为自编自唱、"现蒸现卖"。

米脂婆姨，不仅外貌美，品德心灵更美。

面前这位米脂婆姨叫申俊峰，是姬岔乡燕家圪台村民办教师。丈夫燕汝强原是村里的领头雁。因积劳成疾，突然病逝。面对这巨大的打击，申俊峰抹干眼泪，在丈夫下葬的当天下午，在乡党委的支持下，她毅然挑起丈夫的担子。她起早摸黑带领群众苦干，又修起24亩台地，建120亩果园和80亩桑园。去年底，全村人均粮、钱终于实现"双过千"。

像申俊峰这样有作为的婆姨，在米脂何止一人？

米脂是陕北有名的"文化县"，早在1920年，从北师大毕业的米脂女学生高佩兰就在米脂创办了陕北第一所女子学校，培养了一代有觉悟、有知识的优秀妇女。不少米脂女学生，像《青春之歌》中的林道静一样，投身革命。在米脂女学生中也流传："脚不缠，发不盘，剪个帽盖搞宣传；当上女兵翻大山，跟上队伍上延安"。据统计，后来当上省部级和厅局级干部的米脂婆姨，少说也有近百人，而县团级以上的如今也有580多人。

在米脂李自成行宫，举办了一个米脂妇女革命史迹展览。

"落红不是无情物，化作春泥更护花"。在展览中看到，1944年入党的米脂婆姨汪润生，一生中收养了不同姓氏的20个孤儿，把他们抚养成人，帮他们成家立业，而自己的亲儿子却在家务农，被人们称为"伟大的母亲"；米脂婆姨杨钰，白手起家，创办起榆林地区唯一的聋哑学校，把爱和智慧洒向50多名聋哑儿童；全国优秀教师、省劳动模范白玉生和全国教育劳动模范、特级教师杜如谨，献身教育事业，用自己的心血浇灌着祖国的花朵，在米脂的教育史上写下新的篇章。

米脂婆姨以聪明贤惠闻名遐迩。十里铺乡豆家圪崂村的高如云，侍候病瘫在炕的公婆整整13年。她坚持为婆婆端汤送药，喂吃喂喝，为老人穿衣理被，背着婆婆住院如厕，直至婆婆在她的怀中安详地咽了气……

　　记者返回咸阳机场时，猛然看到一位端庄秀丽的"空姐"，"她会不会是米脂姑娘呢？"一问，果然是。"俺们共有8位姐妹去年被招到咸阳机场工作，"这位小姐落落大方地说："女人不是月亮，俺们要凭自己的本事发热发光。米脂婆姨的事业不仅仅在黄土高坡，也在万里蓝天！"

（本文引自1995年5月14日《人民日报》）

第 5 章 深度报道

所谓深度报道，即运用解释、分析、预测等方法，从历史渊源、因果关系、矛盾演变、影响作用和发展趋势等方面报道新闻的一种新闻体裁。换句话说，深度报道就是对主体新闻的时空维度进行深度扩展的报道，它通过对主体新闻的背景、影响和发展趋势进行全方位的展示与剖析，从而深刻地反映客观环境的最新状态。

深度报道突破了一人一地一事的报道模式，一方面剖析新闻事实本身，另一方面展示新闻事实的宏观背景，把握真实性。

5.1 深度报道的写作规范

一般的新闻常常报道事实的片段或概貌，即事实的一个侧面；这种一事一报的短平快新闻简洁明了，可以让受众迅速了解事件的新闻点，取得轰动效应。而深度报道是以深刻和全面为报道理念，运用解释、分析、评论等报道方式来认识、反映新闻事实的深层信息，灵活运用各种表现方式来阐明新闻事实的因果关系、预测新闻事实的发展趋势的一种新闻体裁。

深度报道以深度见长，除了报道基本的新闻事实，还会揭示新闻背后的新闻，在"是什么"方面进行深度观察，并在"为什么"方面进行深度思考，以揭示和说明新闻事实产生的原因、过程、现状、结果及未来的发展趋势。

在深度报道中，新闻六要素呈现多面性的特征：时间，不仅要说明现在，还要追溯既往，推测未来；地点，不仅要报道现场，还要注意地点的延伸；人物，不但要采访当事人，还要采访其他有关人员，包括与事件直接、间接相关的人员；事件，凡是与新闻事实有关的情形和细节都要尽量挖掘；原因、经过，不仅要说明事件发生的来龙去脉，还要分析事件的意义，预见事件的发展和影响。

深度报道与其他新闻报道的不同之处在于，它通过次要事实突出主要事实，通过边缘事实充实核心事实，通过背景事实说明前景事实，通过非事件性事实补充事件性事实，通过深层事实深化表层事实。通过对各种事实的整合，深度报道提供给读者一个尽可能丰满、完整的故事，对新闻事件起到阐明、解释、揭露、呈现或预测作用，进而体现思想深度。

按形式的不同，深度报道可分为单篇型报道和组合型报道。

单篇型报道，即在一般篇幅状态下独立展示的深度报道，是深度报道中最常见的类型。此类型的深度报道又可分为提出问题、综合概括、分析解释、对比揭示、典型传播等多种子类型。

组合型报道，是指媒体对重大事件、重大题材进行分组分类报道的形式。这类报道一般不受篇幅的限制，容量大、信息多、角度广，内涵和外延伸缩自由，纵向的跨度大、横向的涉及面广，连续刊发，集中突出，有极强的冲击力和震撼力，轰动效应明显。系列报道和连续报道均属于组合型报道。

5.1.1 题材与视角

深度报道的写作是一个复杂的问题，写好深度报道的关键在于确立好报道的主题、拥有翔实的新闻材料、选择适合的新闻结构。同时，恰当的叙述方式、引人入胜的导语、统领全文的结尾，也是优秀的深度报道不可缺少的要素。

这里先讨论深度报道的题材与视角。主题明确、观点鲜明，是深度报道最基本的特征。选题的好坏，直接关系到深度报道的成败。可以说，选题好，深度报道就成功了一半。

能够进行深度报道的新闻一般在题材的重要性、显著性、新颖性上都比较突出，事件本身就具有较强的传播效果和影响力。因此，写作深度报道的首要条件就是判断什么样的新闻题材适合做深度报道。一般而言，突发性事件由于时效性的限制，很难做出深度报道。反而是新闻背后的新闻，或者是问题新闻在探究其深度原因时，往往能进行深度报道。

在选择题材上，深度报道常常抓住社会生活中的重大理论问题与实践问题，抓住社会舆论中的"难点""热点""敏感点"，重大主题的深度报道更是如此。一般来说，深度报道的选题主要来自以下几个方面：社会文明进步的重大动向、政府做出的重大决策、社会运行的重大缺陷及弊端、重大突发事件等。

一个新闻事件是否具有进行深度报道的潜力，可以从以下几方面来衡量：组成新闻事件的要素是否复杂；新闻事件的发展是否曲折多变；新闻事件是否内含明显的矛盾和冲突；新闻事件的产生是否与深刻的社会背景有关；新闻事件是否处在多个事件普遍联系的重要位置；等等。

在确立主题时，要从小处着眼。深度报道不能只涉及一些过于宽泛的主题，要从现实生活中提取素材。从细处入手并不意味着只报道一些琐事，而是要将其与全局、大的背景紧密联系起来。

深度报道需要宏观的视角，但这并不意味着文章有多个"中心"。每篇文章最好聚焦在一个观点上，不要分散成多个观点，尽量从一个角度阐发问题，把问题研究透彻。如果感觉深度报道意犹未尽，则还可以组织连续报道、系列报道。

5.1.2 精选素材

深度报道往往涉及重大的新闻题材，其核心在于"深度"二字，也就是说，深度报道并不是三言两语就能把事实说清楚的，它往往在大主题下套着小主题，每个层次都有翔实的数据、材料作为客观事实的支撑。这就要求作者在采访时把事件的来龙去脉弄清楚，尤其是事件发生的原因。必要时，在写作的过程中还需要进行回访，查证必要的数据、信息等。只有有了翔实的数据、材料，报道才有血肉的支撑，否则就会有空洞之感，难以写成深度报道。

许多深度报道不成功的主要原因在于对主题的阐发过于肤浅：罗列许

多价值同等的素材，结果只能说明一些浅层次的道理，想再讲得深一些，发现素材没有了，话似乎也说尽了。因此，作者在写作前要尽可能多地寻找不同价值的素材，然后精选素材，将其排序，按递进的逻辑结构，在不同的层次采用不同的素材。

这里着重说一下背景材料。背景材料的综合运用是否成功，是深度报道写作能否成功的一个关键指标。

一般来说，深度报道的背景主要包括四个方面：

一是历史背景。当前的新闻往往可能是前一段宏观历史的延续，了解历史发展的必然性，对于作者解释和分析问题，对于读者理解新闻事件的本质有着非常重要的意义。历史背景往往是解释性报道最常见和最重要的背景之一。一般来说，历史背景有两种最主要的类型：一是新闻事件本身的历史背景，二是与本事件相似或相关且为人所熟知的历史资料。

二是社会背景。新闻的发生往往与当时社会的政治、经济和文化背景紧密地结合在一起。因此，从社会背景来看新闻事件，对于透视一个事物的本质有着极其重要的意义。社会背景常常能够帮助公众正确、深入地理解新闻事件。

优秀的深度报道之所以具有震撼人心的力量，就在于它能够把某个热点问题、难点问题或重大的新闻事件等这些看起来单一的"要素"，放进整个社会环境的大系统中加以考察。在这个系统中，能够看到这个问题或事件与其他要素之间相互制约的作用，因而它给人的启示是多方面的。

社会背景可以分为宏观的、中观的和微观的社会背景。宏观的社会背景往往是指那些全国性、世界性的社会政治、经济和文化背景，如知识经济和虚拟化社会的来临就是21世纪一个重要的宏观的社会背景。而中观的、微观的社会背景往往是指在局部发生的与报道的新闻事件息息相关的社会政治、经济和文化背景。

三是个人背景。由于过于关注新闻事件，深度报道常常会忽略人物。其实，任何新闻都离不开人物的活动；不报道新闻活动中具有代表性的人物，就无法使新闻报道变得丰满和有生气。而要写人物，就少不了要交代一些个人背景。需要强调的是，个人背景也包括法人的背景，比如一个企业或一个社会团体的背景。

四是知识背景。很多时候,深度报道所关注的新闻往往会涉及一些科学问题,因此在行文过程中,不可避免地要论及一些专业知识。这些专业知识可能是涉及社会科学的知识,如心理学或人类学原理,也可能是涉及自然科学的知识,如物理学、化学和生物学的最新科研成果。面对一个专业领域,深度报道必须具备专业知识背景,与此同时,作者也一定要深入浅出地解释这些专业知识背景。

深度报道写作在选材时,应该始终认识到所选的材料必须为主题服务,应该对材料进行筛选、再筛选,以求典型充实,然后对其进行最优化的配置组合,为这个深度报道的骨骼添加至关重要的血肉。

5.1.3 结构的搭建

深度报道在结构上要有严密的逻辑关系,要围绕主题揭示新闻真相,这就需要作者在写作中搭建最适合的结构。具体而言,深度报道的结构主要有以下三种:

1. 问题主导型结构

对于读者欲知而未知的新闻真相,作者可以把读者想获知的几个关键问题作为写作的依据,把这几个关键问题作为小标题。在写作时,只要把这几个关键问题揭示清楚了,新闻背后的新闻以及问题存在的深层次原因也就显现出来了。这种利用疑惑点所涉及的关键问题来搭建结构的写法是十分常见的。

2. 时空主导型结构

这种结构具有两个明显的特征:一是事件的发生、发展具有鲜明的空间分布特色;二是事件的发生、发展具有明显的性质分类。在这种情况下,作者或按照空间进行分篇,或按照时间进行分篇来搭建结构。

3. 逐层剥笋型结构

有时,报道的新闻事件存在着诸多"迷雾",读者对这个新闻事件疑惑重重。同时,这个新闻事件存在种种说法,或者事件本身是一个被掩盖的事实,被采访对象极力掩盖真相,给出种种说法。针对这种情况,作者就可以采用逐层剥笋型结构,逐个揭露、验证那些虚假的说法,从而揭示新闻事件的真相。

5.1.4 叙述的方式

深度报道往往篇幅较长，容量也比较大，要想让读者看下去，除了报道的内容要有意义，还必须有丰富的形式。这种形式上的丰富主要表现在对一些文学写作方法的借鉴上，比如对表达方式和修辞手法的借鉴。

深度报道在描写场面和人物时，以及在运用背景资料解释新闻事实时，常常会采用多种表达方式，使报道更加丰富多彩。深度报道常见的表达方式有记叙、说明和议论，并且也可时常运用描写和抒情这两种表达方式。

在深度报道中，常用的修辞手法有比喻、拟人、排比、引用、象征、联想、反问、设问等。修辞手法使报道中那些抽象的事物变得具体，大大增强了报道的说服力和魅力。此外，修辞手法的运用还可以改变报道的节奏，使报道更加适应读者的阅读习惯。

5.1.5 导语要精彩

导语是文章之眼，一段精彩的导语能迅速吸引读者的注意力。那么，深度报道的导语应该如何写呢？

深度报道的导语有两种形式：一是直接性导语，即用平实的语言大致概括具体的新闻事实，给出最新时间及事件最主要的新闻事实，这类导语的优势是直接点出主要事实，让读者一目了然；二是延缓性导语，即采用各种技巧性、艺术化的导语，以达到吸引读者、深化主题、增强报道可读性与趣味性的目的。

这里着重介绍三种延缓性导语的写作方法：

1. **悬念式导语**

很多深度报道都对被隐瞒的重大新闻事实进行揭露，那么，这些被隐瞒的新闻事实究竟有哪些不可告人的秘密，有哪些骇人听闻的真相，又有哪些曲折发展的过程……在这种情况下，深度报道就可以在开头设置悬念。例如，中央电视台的《新闻调查》，很多时候就是以悬念作为开头来展开节目叙事的。

在悬念式导语的写作中，悬念的设置要符合所报道新闻事实本身的特点，要与新闻事实的关键点、疑惑点相吻合，要与读者的兴趣点、关注点相吻合。只有这样，读者才能一看开头就对正文产生阅读兴趣。

2. 故事式导语

这种导语的写法是在开头讲一个与新闻事实相关的小故事，以此引出新闻的真相，这是一种能有效引起读者阅读兴趣的写法。

这种在开头讲小故事的写法，也是华尔街日报体的写法。华尔街日报体就是先以一个小故事开头，再引申到主题事件，接着进一步深化事件，最后再回到这个小故事上，来进一步说明要反映的新闻事件。

3. 情节式导语

很多深度报道具有强烈的紧张性与刺激性，在这种情况下，就可以在开头设置一个故事情节，用这个情节来吸引读者。这个情节一开始就会把读者带入紧张的故事之中，起到先声夺人的效果，进而把读者带入对新闻真相的阅读之中。不过，这种侦破式的开头一定要符合这类报道的特点。

需要特别注意的是，采用情节式导语时，设置的情节不但必须是与新闻事实紧密有关的情节，而且必须是揭露新闻真相的关键情节。

深度报道的导语不仅仅局限于上述几种写法，还有场景式导语、对比式导语、递进式导语、衬托式导语等。

事实上，不管采用何种写法，在撰写深度报道的开头时都要遵循两个原则：一是要根据新闻事件本身的特性与所处的内外环境等来写作；二是要使开头能够引起读者的阅读兴趣。

5.1.6　结尾要有深度

深度报道所反映的新闻多是重大的新闻事件或值得重视与深思的严重的社会问题，而且多具有鲜明的主题倾向。因而，深度报道需要一个好的结尾，这个结尾既要与报道主题及报道目的相结合，也要与深度报道揭露真相的功能、具有深度且能引起读者思考的特性相吻合，从而让报道本身具有思辨性、人文性、忧思感。

下面介绍一下深度报道常用的四种结尾方式：

1. 深思式结尾

所谓深思式结尾，即在文章的结尾把该思考的问题展示出来，让读者在看完报道之后自己去思考。处理结果让人思考或回味的，或犯罪事实让人思考或回味的深度报道，一般都可以采用这种结尾方式。

深度报道往往涉及群众或当事人急切盼望处理的新闻事件或社会问题，这些事件或问题如果处理不好，日积月累便会产生强大的反作用。而这些事件或问题往往在作者撰写报道结束时，并没有得到妥善的处理，或者虽然有关部门对其进行了裁决，但没有得到实际的落实。那么，对于这类报道该如何结尾？那就是采用深思式结尾方式去引发人们思考。

2. 人文式结尾

深度报道一般会涉及是非善恶的较量，这就意味着它必然涉及强弱双方，而弱者的遭遇往往让作者为之伤感，写出来也会让读者为之哀怜。那么，对这类新闻的报道，作者往往就可以用充满浓郁的人文主义色彩的方式来结尾。

3. 概括式结尾

概括式结尾是新闻报道中常用的一种结尾方式，即从整体对整个新闻事件或要阐述的问题进行归纳概括，或直接点明主旨，或直接给出事件的发展现状，或交代有关部门的做法等。

4. 对比式结尾

所谓对比式结尾，即在符合新闻主题表达的情况下，在处理结尾时，或用反差性的数据进行对比，或用反差性的事实进行对比，或用反差性的当事人态度与状况进行对比等，让读者形成强烈的情感反差。

以上只是深度报道常用的几种结尾方式，还有其他结尾方式，如悬念式结尾、呼告式结尾等，这里不再详细介绍。

5.2 解释性报道

解释性报道是以解释新闻事实为主的一种报道形式，它着眼于新闻背后的新闻，充分运用背景材料和相关事实来解释说明新闻事实产生的原因、社会影响，揭示新闻事实发生、发展的来龙去脉。也就是说，解释性报道是对新闻事实作出的合乎情理的解释，即把每一项重大新闻事实放在特定的社会背景、各种事物的关联中去分析其产生的原因、社会影响及后果。

对于某些新闻事实，有些人不易理解其新闻实质、意义、发展趋向等，这时就需要解释性报道发挥其作用。解释性报道对新闻事实是以"解释"为目的的，而不是以"报道"为目的的，它通常使用大量有关的背景材料来完成"解释"的任务，使读者从中受益。

解释性报道的"解释"有其特定的含义。这种解释主要是用相关事实来解释，而不是用观点来解释。新闻评论也是对新闻事实的一种解释，但这种解释是作者用观点和推理进行解释，其个人特征鲜明，具有浓厚的主观色彩。因此，尽管效果差不多，但解释性报道与新闻评论不是一回事。

5.2.1 写作格式

解释性报道通常由标题、导语、主体、结尾四部分组成。

解释性报道具有深度报道写作的共性，导语和结尾可以参考深度报道的写作格式。

解释性报道往往在事实的牵引下提供各种解释性材料，由此引导读者进入更深层次的思考中。作者一般采用数据材料，利用对比和引用话语的方式来解释新闻事实。

数据常常被认为是最精确的事实。尽管数据比较枯燥，但人们常常更相信数据而不相信作者的描述。在很多解释性报道中，为了精确地说明或解释某些复杂的问题，作者会大量使用数据。

对比的方式可以表现事实之间的差异，而差异化恰巧能够凸显单一事实的新闻意义或价值。引用话语的方式更多地是为了用引语来解释深度报道中的新闻事实。因此，解释性报道往往大篇幅地引用各种人的话语。深度报道常常通过引用当事人的话语、目击者的话语、权威人物的话语来解释新闻事实。

5.2.2 写作技巧

在撰写解释性报道时，要遵循新闻报道"用事实说话"的原则，用背景材料来解释新闻事实，而不能用议论代替解释。

在撰写解释性报道时，要拓宽视野，从广泛的背景中解释新闻事实产生的原因。

在撰写解释性报道时，要把握好解释的程度，既要能答疑解惑，又要考虑到读者的接受能力，避免烦琐唠叨。

5.2.3 范文模板

"天体大十字"预言宣告破产

新华社北京1999年8月18日电 世界各地的天文学家证实，8月18日没有发生特殊的天文现象，更没有发生地球毁灭这样的大劫难。世界各地的人们像往常那样度过了平静的一天，"天体大十字"这一"末世论"预言宣告破产。

400多年前，法国的诺查丹玛斯写了一本名叫《大预言》的书，其中提到1999年地球将出现大劫难。到了20世纪70年代，日本人五岛勉对这本书进行了解释，说在1999年8月18日太阳、月亮和九大行星将组成一个十字架的形状，并称这种"恐怖大十字"将给地球带来毁灭性灾难。

法国里昂天文台专家鲁特利对本社记者说，他不知道有8月18日"天体大十字"一说。在与里昂天文台的其他专家共同核对过行星位置排列后，他说8月18日太阳系行星位置排列不但没有组成所谓的"大十字"，而且根本没有出现任何特殊的排列。

在五岛勉的家乡日本，18日是一个极其平凡的日子，没有重大的天灾人祸。当地新闻界和老百姓根本没有把五岛勉的预言当回事儿。日本国立天文台宣传部长渡边润一副教授在接受本社记者采访时说:"18日这一天,九大行星的排列并没有构成十字架的形状。即使九大行星排列成十字架形,也不会对地球产生什么影响。它们对地球的引力远不及月球对地球的引力。'天体大十字'预言没有任何科学根据。"

英国阿马天文台台长、著书天文学家马充·贝利教授在接受本社记者采访时说,18日是普普通通的一天,"天体大十字"预言不攻自破,这再次证明该预言纯属无稽之谈。他指出:"行星的位置排列与地球上所发生的日常事件之间是毫不相关的。"英国拉瑟福德·阿普尔顿实验室的行星研究专家艾伦·彭尼博士指出,由于行星对地球的引力作用比月球对地球的作用小得多,行星的排列从科学上来说对地球根本构不成什么影响。

美国世界观察研究所的新闻官玛丽·科伦接受本社记者采访时说:"美国人不相信这些邪说,人们像往常一样工作和生活。"在美国俄勒冈医科大学从事研究的旅美研究人员杨爱玲博士说:"我们应当相信科学,不要相信那些毫无根据的异端邪说。"

北京天文台副台长赵刚说:"从科学家的观点来看,18日的天象没有什么特别之处。"南京紫金山天文台副台长严俊指出,每到世纪末都有一些人为了达到某种目的而散布一些耸人听闻的言论,19世纪末也有类似"世界末日"的说法,事实证明这种预言非常荒谬。

(本文引自1999年8月18日新华社)

5.3 调查性报道

调查性报道,是通过对某个问题、某个事件或某方面情况的调查研究,对所获得成果的报道,是调查与分析、实践与理论、客观与主观相结合的实用性文体,能有效反映社会生活、经济活动以及其他实践活动。它比一般的新闻写得更详细,篇幅更长,撰写时间也更长。

一般的新闻只重视报道事件的结果,很少从全过程的角度来表现新闻事件是如何发生和发展的，也无法让人明白有哪些背景事件在其中起了重要作用。读者对只见结果、不见过程的报道往往觉得疑点重重，这样有时反而会损害报道的效果。而调查性报道的写作在多数情况下更重视调查的过程。

调查性报道具有以下五个特点：

一、真实准确。调查性报道是建立在调查研究的基础上的，侧重于用事实说话，是客观事实的真实反映，所以材料的真实性和准确性是首要的，材料应经过科学的分析、处理，经得起推敲。

二、针对性强。调查性报道具有较强的针对性，调查的内容应是人们普遍关心或迫切需要解决的问题。通常，针对性越强，报道的分量越重。

三、事例典型。为了使调查性报道具有更强的说服力，能充分反映一般事物的本质与规律，调查性报道所选用的事例一定要有典型性，能够真正说明问题、反映问题。

四、主题重大。调查性报道所反映的多是重大的社会问题、社会现象，是人们普遍关注的问题，具有明显的社会功能，因此调查性报道的主题往往是重大的。

五、逻辑性强。调查性报道虽然以客观事实为基础，但不是机械地堆砌事实，而是对事实进行严密的逻辑论证，探究事物产生、发展变化的原因，进而推测事物发展变化的趋势，再科学总结蕴含在里面的有价值的东西，最后推出结论。

根据内容和功能的不同，调查性报道常常分为社会情况调查性报道、典型经验调查性报道、揭露问题调查性报道、新生事物调查性报道、突发事件调查性报道等。

（1）社会情况调查性报道是反映一些社会情况的新闻报道，比如反映政治、经济、文教、卫生情况的报道。这类报道的受众最为广泛，是决策部门制定工作方针、政策、措施的重要依据。

（2）典型经验调查性报道是介绍某地区、某单位、某企业在思想政治、经济建设、科学教育等方面取得的先进经验和做法，树立榜样，引导和推动其他单位学习、效仿的报道。

（3）揭露问题调查性报道是针对某一现实中存在的问题展开调查，并揭示这一问题产生的根源的报道。它与典型经验调查性报道恰好相反，典型经验调查性报道主要是为了表彰和宣扬先进经验和做法，而揭露问题调查性报道主要是为了揭露问题，对问题进行深入分析，提供解决问题的思路和方法。

（4）新生事物调查性报道是针对现实生活中某种新近产生或新近发展的事物而写的报道。主要介绍新生事物产生的背景、发展的状况、前景及其带来的价值与影响。

（5）突发事件调查性报道是媒体通过对新近发生的一些具有重大影响力的突发事件进行深度挖掘与真相调查而写的报道。它是一种关于动态问题的新闻报道，也是目前调查性报道的主体。

调查性报道的真谛就是追问、求证，通过不断地追问、求证，找到最能说明事实的证据。所有成功的调查性报道的撰写过程，其实都是专题研究的过程，不仅仅要侦察、访问、核实，更多的是要对大量已知或未知情况进行不断研究与分析。

在调查前做好对背景资料的收集，是完成调查采访的基础，只有如此，才能制订周密的采访计划，并找到事件的主要问题之所在。

5.3.1　写作格式

调查性报道通常由标题、前言、主体、结尾四部分组成。

1. 标题

标题一般有两种：一种是单行标题，另一种是多行标题。单行标题通常由调查对象、调查主题和文种组成。这种标题的优势在于能让读者一目了然，不足之处在于标题格式化，呆板不灵活，吸引度不够。作者可根据需要，灵活使用标题形式，可采用提问的形式，如"大学到底该学些什么？"，也可采用感叹的形式，如"你的权益你做主！"。

多行标题由主标题和副标题组成，其中主标题比较灵活，副标题的结构常由调查对象、调查主题和文种组成，如"突出重围——对中国雪龙号破冰船救援行动的调查"。

2. 前言

调查性报道的前言通常根据主体部分的结构顺序来安排，常见的有以下几种情况：

（1）以问题开头

一开始就提出问题，引发读者的关注和思考。可以直接提出疑问，也可以直接将问题"暴露"在读者面前。

（2）交代概况

在开头部分将调查的目的、采用的方法、调查的时间、调查的范围以及调查的结果都一一交代，让读者对此次调查的相关情况有所了解。

（3）突出调查对象

一开始就介绍此次调查对象的主要情况，让读者对其有所了解。

3．主体

主体部分紧接着前言部分，是调查的具体过程，作者可根据具体情况采用不同的结构：

（1）根据调查的进程安排

这种结构通常是以时间为线索谋篇布局的，适用于那些事件比较单一、过程性比较强的调查性报道。它的好处在于结构清晰，有利于读者阅读和理解。

（2）根据材料的类型安排

根据材料的不同性质对其进行分类。每一种类型的材料集中反映或说明某个问题，形成一个层次。这样多种类型的材料就形成了不同的层次结构。层次和层次之间可以是并列关系，也可以是递进关系。这种结构适用于材料较多、较散，同时主题比较单一的调查性报道。

（3）根据表现方面的不同安排

这种结构的主体部分由几个方面组成，这几个方面可以从不同角度、不同层面说明观点。在这种情况下，作者可以以基本观点为中心线索，将这几个不同方面贯穿在一起。

4．结尾

主体部分之后就是结尾部分。根据实际情况，结尾部分的写作常有以下三种方式：

（1）启发式

以指出问题的方式结尾，目的在于引起人们的重视。作者之所以选择以这种方式结尾，或是因为其所报道的事情之前没有引起人们足够的关注；或是由于各种因素的限制，没有提出解决问题的办法，只能以这种方式寻求帮助和引起关注；抑或是希望这篇报道可以给人们一些启示和思考。

（2）概括式

以概括调查主题的方式结尾，这种方式的优势在于可以明确、强调主旨。

（3）建议式

以呼吁、建议的方式结尾，这种方式的优势在于能很好地抒发情感。

5.3.2 写作技巧

调查性报道有以下几个写作技巧：

一是拟写提纲。调查性报道一般都有明确的中心和主题，需要大量的材料来体现。在撰写之前，作者要先对这些材料进行筛选、分析，找出有价值的材料，然后拟写一个结构提纲。提纲可以简略一些，也可以详细一些，根据需要而定。有了提纲，思路就会清晰很多。

二是严选材料。在挑选、运用材料时，一定要严格挑选出那些能够说明问题、体现主题的真实材料，而且材料要尽量全面、系统，可以从不同层面、不同角度说明观点。只有材料有价值，报道才能具有说服力。另外，作者要尽量多选用第一手材料。

三是提炼主题。一个有着鲜明主题的报道才更吸引人，所以调查性报道一定要有一个鲜明的主题。作者要对调查的目的、调查的内容、调查的结果十分清楚，然后对材料进行严格筛选、深入分析，研究内在联系，发现事物的本质，从中提炼出一个鲜明的、有价值的主题。

四是严密论证。有了鲜明的主题，有了合适的材料，剩下的就是要进行严密的论证，做到以事说理，以理服人。要将事实论证、数据论证、对比论证相结合，层层深入，让结论具有强大的说服力。作者在撰写时，如发现有论证不当或有遗漏的地方，应再进行调查补充。

5.3.3 范文模板

甘肃祁连山：问责风暴下的生态突围
薛 亮

问责，好似当头一棒，重重地打在了甘肃省各级官员的头上，就像笼罩祁连山的雨雪风雹。

"不望祁连山顶雪，错把甘州当江南"。两千多年来，祁连山给我国辽阔的西部带来了生存与繁衍，更带来了富庶与繁荣。然而，近些年的大规模采矿逐渐侵蚀了这座"母亲山"，以致植被破坏、水土流失、地表塌陷。在开采高峰期，仅张掖段就有4500公顷植被遭到破坏。

严重的生态问题引发高层关注。7月20日，中办、国办对外公布《甘肃祁连山国家级自然保护区生态环境问题的通报》，直指祁连山存在违法违规开矿、整改不力等问题，上百人被严肃问责。

这场振聋发聩的问责风暴，揭开了祁连山生态环境遭破坏的盖子，也打响了一场祁连山生态保卫战。8月底，问责风暴"满月"之际，记者实地探访了"旋涡"中的甘肃祁连山国家级自然保护区。

"抚平'母亲山'身上的伤疤，没有捷径可走，更没有后路可退"

"对于通报指出的问题，我们全部认领；作出的处理决定，我们完全拥护；提出的整改要求，我们坚决落实。"面对中央的"当头棒喝"，甘肃省国土资源厅党组书记王忠民吐露肺腑之言："抚平'母亲山'身上的伤疤，没有捷径可走，更没有后路可退。"

目前，保护区范围内的144宗矿业权已经全部关停，注销矿业权30个，432个矿点的地质环境野外调查已经完成。

张掖地处祁连山国家级自然保护区核心地段，在198.72万公顷的保护区总面积中，张掖段就独占了151.91万公顷。而有关祁连山的"重头戏"，也大多发源于此。

"痛彻心扉。"作为这次被问责的对象之一，今年2月刚刚走马上任的张掖市国土资源局局长高林俊，正经受着步入仕途以来最为"惨痛"的一次磨砺。

关于祁连山的梦，这位裕固族的汉子已经做了57年，从牧民到乡党委书记，再到肃南裕固族自治县县长，一直走到今天，他从未离开过这片生他养他的热土。高林俊说，祁连山就是他的家，家里的美景不再，他这个做"家长"的有着不可推卸的责任。

"说到底还是对落实生态保护责任的思想认识不到位。"高林俊说，在这件事上，他寻思了许久，也反思了很多。痛定思痛之后，关于知错即改、刮骨疗伤、抓铁有痕、只争朝夕这些道理，他和所有张掖国土人比任何时候都清楚："留给我们的时间没多少了，当下行动胜于一切。"

肃南祁丰，以祁连山水草丰盛而得名。马占兵站在圈栏外望着地上将将吐露芬芳的绿芽，已然梦醒时分："这才是我记忆里的祁连山。"

马占兵在肃南县祁丰藏族乡当了几十年的牧民，直到他所在的牧区禁牧后，一家人才搬到镇上开了一个小杂货铺维持生计。后来，牧区开了一家名为昌乐的石灰石矿。

"以前一到夏天，这里遍地都是小黄花，软软的，很好看。"马占兵清楚地记得。但从那以后，牧区的河干了、水没了、草殁了，一切都被漫天的沙土、冰冷的碎石和轰鸣的机器所取代，这哪里还是他梦里的祁连山？

马占兵说，他不太清楚何为约谈，也不明白啥是问责，但他看到了变化：原先的厂房没有了、机器不见了、矿区消失了。年初，山谷重归寂静，静的仿佛能听到鹰隼舞动翅膀的声音。大家都期盼着，等待冰雪消融、春暖花开之时，把希望的草籽播撒下去。

"目的只有一个，就是加快探采项目环境恢复治理"

117，这是王金龙时常念叨的一个数字。这位张掖市国土资源执法监察支队的支队长，大半年来的主要工作就是"巡山"——马不停蹄地推进祁连山国家级自然保护区张掖段内117个探采项目的整改修复。这里面哪些是环保部约谈的15个项目，哪些是中央环保督察指出的7个项目，还有哪些是他们自查出的95个项目，他如数家珍。

"4组人马，18条'好汉'，保护区内外的矿业权项目转一圈下来就要好几个月。我们的目的只有一个，就是加快探采项目环境恢复治理。"王金龙说，刨掉已完成环境治理恢复的111个项目，其余还有5个正在整改、1个已经基本完成的。

细数这117个探采矿项目，仅肃南县国土资源局祁丰分局辖区内就有40

个，著名的大海铜矿就在其中。

"大海，大海，这里海拔将近4000米，哪儿有海水的影子？不过现在叫'草海'倒是蛮合适的。"说话的是祁丰分局局长罗成，是个皮肤黝黑、说话办事十分利索的中年男子。他笑称，这一身"健康"的肤色全拜辖区内的这些矿山所赐。

"这里海拔高，地表植被是不宜被人工机械恢复的。可是这里是焦点矿区，必须对社会有个交代。"于是，在山路都被冰雪封住，大型机械上不去的状况下，他们硬是在冰上凿出一条便道，靠人工把适应高海拔环境的土壤、草籽拉了上去。

"问题和困难当然有。"作为一线治理者，罗成坦言，需要恢复治理的矿点开采年限较长，且大部分为露天开采，这给治理工作带来了不小的困难，这是其一；其二，治理过程中检查部门要求不一，工程反复性比较大。

"其实，我最担心的是大部分治理工程在海拔3500米以上，部分矿点遗弃年限较长，加之道路崩塌严重，如果强行恢复治理会造成二次破坏。"罗成忧心忡忡地说。

同样的问题在高林俊的脑海里也反复碰撞着："我们按照自定的方案和标准进行恢复治理，但国家和省里对验收并没有统一标准，下一步治理成果能否通过环保督察组的验收，我们还是心存疑虑的。"

6月初，由4名中国科学院院士领衔，7名高校教授和科研机构研究员共同组成的专家组，对《祁连山保护区内（张掖段）探采项目生态环境恢复治理实施方案》进行了专家评审，他们认定该方案基础资料翔实、科学，可最大限度地降低祁连山矿山探采项目整治对生态环境的影响程度。同时认为，高海拔且停工多年的矿点符合生态脆弱的实际，建议自然恢复。

这颗"定心丸"吃下去，高林俊和罗成心里踏实了很多。未来的路就在脚下，该怎么走，他们心里已然明朗。

"翘首期盼的补偿政策到现在还没有说法"

5月9日，甘肃祁连山水源涵养林研究院的生态研究员刘贤德，在甘肃祁连山国家级自然保护区（张掖段）探采项目生态环境恢复治理专家验收意见上郑重地签下了自己的名字。作为验收专家组组长，他深知这一笔写下去意味着什么。

"无需治理探采项目34个，验收率100%；自然恢复探采项目5个，验收率100%；人工机械恢复探采项目78个，实际完成72个，验收率92.31%。"显然，这是一份合格的生态答卷。

可面对这样不俗的成绩，昌乐石灰石矿的主人袁晓却高兴不起来。袁晓还很年轻，接手昌乐石灰石矿也不过六七年光景，新一期的采矿权证今年7月2日才到期，可从去年12月开始，他就"失业"了。

"停采整治我没有二话。"袁晓坚定地说，"但是，我们一直翘首期盼的补偿政策到现在还没有说法。"他已拿出所有积蓄给工人发了遣散费，不够的只能先欠着，等着补偿款到了再一并补给大家。

驻甘某国有企业负责人直言，他们的探矿权、采矿权是在当时条件下合法取得的，是地质人员多年艰苦工作和反复论证取的成果。他们坚决支持退出探矿、采矿活动，"但也请相关部门关切企业的合法权益，在补偿时要考虑实际矿业权方面的投入、固定资产投入和预期收益等要素，拿出切实可行的办法"。

"矿老板"们的疑虑也正是高林俊所担忧的。目前，国家和省级层面的矿业权退出补偿机制尚未建立。"这是关闭注销矿业权后所有问题的根源。"高林俊说。

"按正常程序，应该是先进行赔偿、注销证照，然后清理退出，可现在未注销而先行关闭退出与恢复治理导致了资产评估难度陡增，且有法律诉讼的隐患。"高林俊说，"更为严峻的是，由于补偿机制尚未建立，由矿业权人向登记管理机关提出申请办理注销登记手续的方式就无法开展。可由区县政府直接发布关闭公告进行注销，势必会引起行政诉讼，这使得关闭注销的工作困难重重。"

对此，张掖市拿出的方案是，对划分在有效期内和已过期的探采矿权予以适当补偿；但对通过调整矿区范围扣除剥离保护区面积、保留保护区外矿业权的，以及部分过期探采矿项目，则不予补偿。

由此初步测算，在保护区张掖段涉及补偿退出的48个探采项目中，30个探矿权的补偿金额为5.12亿元，18个采矿权的补偿金额为35.04亿元。其中，涉及有效期内的16个探采矿项目的补偿金额就达到了34.03亿元。

可钱从哪来、人往哪去？这些问题至今仍悬而未决。王忠民透露，目前甘肃厅已积极向国土资源部汇报，争取尽快明确退出补偿政策。这也让袁晓看到了一丝希望。

"实现地质勘查和环境保护双赢才是出路"

在甘肃省地质矿产勘察开发局第四地质矿产勘察院副院长兼总工程师余君鹏看来，对于地勘单位而言，在巨额补偿金之外，政府切实鼓励和保护他们渡过难关，树立转型发展的信心则显得更为重要。

这位构造地质学专业出身的36岁年轻领导者，在问责"风暴"降临之后的第七天才到任，而留给他的棘手问题是：单位要出路、职工要吃饭。

卡瓦铁矿普查是由他们主导完成的省级地质勘查基金项目，前后已投入资金1.59亿元，但由于治理工作量大，生态环境恢复短期内难以完成。

养家糊口的主要出路没了，怎么办？这让余君鹏颇感焦虑。他琢磨着，只有适应新形势，主动应对环境约束新挑战，调整工作布局，在谋求地质找矿突破的同时，注重绿色发展，实现地质勘查和环境保护的双赢才是出路。

余君鹏规划着单位未来的发展之路：将绿色发展理念和生态环境保护的要求贯穿地质勘查立项、设计、实施和验收全过程，在勘查手段选择、驻地选址、土地复垦等方面，最大限度减轻给生态环境带来的负担，最大限度恢复和保护生态环境。

转型发展，袁晓也有此打算："还是改行吧，趁着还年轻，有机会再闯一闯。"但是经历了这一次，开矿山破坏环境的事情他是不打算再干下去了。他说，将来兴许会开一家绿化公司。在他看来，至少在肃南一带，给像昌乐石灰石矿这样的矿区整治复绿还是充满了商机的。

高林俊说，他梦里的祁连山就是小时候见过的样子，山清、水秀、景美、牛羊成群、物产丰饶。他说，当梦境照进现实之时，保护祁连山生态环境、建设青山绿水下的生态文明，已不仅仅是炽烈的民族情怀，更多的则是坚定的历史担当。

（本文引自2017年8月28日《中国国土资源报》）

5.4 预测性报道

所谓预测性报道，即通过对社会某种现象的综合分析，透视出社会的某种倾向或趋势，或对某一事物的未来作出预测，揭露正在发展过程中的、尚未有定论的事物所潜藏的结果，给信息时代的读者提供可资参考的信息，在社会生活中起到"参谋"作用的报道。它报道的不是已经发生的事实，而是对读者关心的新闻事件或新闻现象的变动趋势、发展前景进行的科学预测。

预测性报道与预告性报道的不同之处在于预告性报道是对已经被安排的事件进行报道，而预测性报道则是根据现有的新闻事实的发展趋势对未来的社会和生活进行推测。

按照报道的方法和角度划分，预测性报道可分为宏观型预测性报道、中观型预测性报道和微观型预测性报道。

按照报道的领域划分，预测性报道可分为社会预测、经济预测、科技预测、军事预测、政治预测、生态环境预测、体育赛事预测和天气形势预测等。

5.4.1 写作格式

预测性报道的写作步骤往往是先梳理好现有事件，然后或是对照先例，或是邀请专家分析解读，最后对未来给出明确的方向。按照传统预测学的思路，预测性报道主要表现为由"已知"或"前知"推演"未知"或"后知"，实际上表现为一种智能的思维模式。

5.4.2 写作技巧

预测性报道的写作要遵循"三度反复"原则。所谓"三度反复"，是指预测性报道的标题、导语、主体这三者之间的递进、互补。标题部分以简洁明了的语言揭示出事实的本质；导语部分再对标题中的基本事实适当重复，使其进一步具体化；主体部分则对标题和导语中所提出的基本事实进行充分的交代。

撰写预测性报道还要遵循三个推导原则：一是连锁推导，即以信息表征的事实为出发点，推导出必然引起的一系列反应和结果；二是辐射推导，即以信息表征的事实为中心，推导出由中心事实引起的不同方面的反应，从而得出新的结论或制定相应的对策；三是延伸推导，即通过对已知信息的合理延伸求得未知信息，通过对直接信息的合理延伸求得间接信息等。

预测性报道的写作要努力表明预测的权威性，增强报道的说服力。在撰写预测性报道时不能使用模棱两可的语言，要注意留有余地，不要把话说得太绝对。

5.4.3　范文模板

哪四个队将进入世界杯足球赛决赛圈？

新华社北京1986年6月25日电（记者　许基仁　曲北林）在分组赛中迭爆冷门、连挫强队的丹麦足球队今天却在一个大冷门中成了失败者。在另一场比赛中，欧洲强队英格兰队以3∶0轻取南美巴拉圭队，在八强之中也占了一席。

至此，进入1/4决赛的8支球队已经产生，按比赛的顺序排定为：巴西队和法国队；联邦德国队和墨西哥队；西班牙队和比利时队以及阿根廷队和英格兰队。

争夺前8名的8场比赛，远比分组预赛的大部分比赛来得精彩，双方队员场上斗技斗勇，教练场下比智比谋。巴西队、阿根廷队和墨西哥队实力在对手之上，以"技"取胜；英格兰队身高体壮，以"勇"取胜；法国队和联邦德国队实力不如对手，却能扬己之长克敌之短，可谓以"谋"取胜；而西班牙队和比利时队则以"智"取胜。

苏联队和丹麦队的失利大大出乎人们的意料。这2个队在分组赛中，无坚不摧的攻击力使球迷看得如痴如醉。但是他们锋芒太露，既损耗了自己的体力，又暴露了攻强于守的弱点，最后是自己竖起了"靶子"被别人打中。

那么哪4个队能再过一关？

最难预测的是法国队和巴西队的恶战，无论哪一队能涉过险关，它都离冠军宝座只有一步之遥了。法国队在淘汰意大利队的一役中显得极为成熟：中场的强大和普拉蒂尼的任意球不必多说，就是过去并不突出的后卫线也令人耳目一新。队员的盯人防守和相互补位到了完美的地点；前锋前卫浑然一体，犹如六把尖刀插向对手的致命处。巴西队在对波兰队一役中唤回了失落已久的"艺术足球"。前锋队员单兵作战能力很强，后防之稳固也非上届杯赛时所能比拟，迄今一球未失。这两队极有可能打成平局，随后靠罚点球碰运气决出胜负。硬要作出预测，胜利将握在法国队手中。

联邦德国队整体实力强于墨西哥队，但在气候环境、竞技状态、临战士气这三方面却不如东道主。联邦德国队小胜墨西哥队应是正常的结果。但也难免有"强龙"败给"地头蛇"之虞。

西班牙队取胜比利时队把握较大。它胜丹麦队进五球失一球，而比利时队虽然上一仗力克苏联队，但有两球有越位之嫌，自己也被对手三破大门。

英格兰队看来不是阿根廷队的对手，其长传冲吊常常劳而无功，短传配合更是"班门弄斧"，阿根廷队再晋一级希望极大。

（本文引自1986年6月25日新华社）

第6章 新闻评论

新闻报道和新闻评论是新闻宣传工作中常用的两种新闻体裁。如果说新闻报道是新闻宣传的主体和基础，那么新闻评论就是旗帜和灵魂。新闻宣传既要有报道，又要有评论。而且，它们只有在统一的思想指导下互相配合，才能更好地发挥作用。

6.1 新闻评论的写作规范

新闻评论，是一种政论性的新闻体裁。它是一种针对新近发生的、具有普遍意义的新闻事件和迫切需要解决的问题发议论、讲道理，并直接发表意见的应用文体。

新闻评论的分类有这样几种情况：按评论的内容分类，可分为政治评论、军事评论、经济评论、社会评论、文教评论等；按评论的性质分类，可分为解说型评论、鼓舞型评论、批评型评论、论战型评论等；按评论的角度分类，可分为立论性评论、驳论性评论、阐述性评论、解释性评论、提示性评论等；按评论的形式分类，可分为社论、编辑部文章、评论员文章、短评、编后、编者按、思想评论、专栏评论等。

新闻评论起着启发、引导、监督的作用。它需要站在正确的立场上，运用正确的观点、方法对社会的种种事物、现象、问题做出分析，通过现象揭示本质，进而帮助和引导人民群众明辨是非，看清事实，做出正确的选择。

新闻评论具有以下五个特点：

一是新闻性。新闻评论是依据新闻事实而阐发论述的，新闻评论若失去新闻性就属于无感而发，可以说新闻性是新闻评论存在的前提。新闻事实所具备的特征，如真实性、时效性、针对性及新颖性等，也适用于新闻评论。

二是针对性。新闻评论强调"有的放矢"，要求针对当前具有新闻价值的事件和问题发表意见和主张，评论对象都是客观的、具体的，所揭示与要解决的问题都是人民群众迫切需要解释、实际工作中迫切需要解决的问题。

三是公众性。新闻评论的公众性，首先表现在它所提出和解决的问题，应该是那些具有现实意义的，当前实际工作和日常生活中迫切需要解决的，广大人民群众最关心和最感兴趣的，与人民群众的利益密切相关的，能反映人民群众的要求和呼声的问题。其次表现在它立论客观、公允，为民代言、为民立言，真正成为人民群众利益的代表者、正确舆论的传播者和引导者。最后表现在它在论述方式和语言表达上也应当符合广大人民群众的特点和需要，尽量顾及他们的兴趣和爱好。

四是效率性。新闻评论作为重要的新闻体裁，主要表达作者对新闻事件或社会现象的判断和思考，是人们通过媒体发表和交流观点的工具。作为实用性议论文，新闻评论有着自己的形式和特征。和其他类型的意见传播文体相比，新闻评论更追求表达与传播的效率。

五是灵活性。从篇幅来看，新闻评论可长可短，不一定非要长篇大论，三五百字的评论也可以。从内容来看，新闻评论虽然主要对政策方针、社会问题、社会现象进行评述，但有时亦可对某个学术问题、某种先进工作经验、某个纪念日等"小事"进行评论。

6.1.1 选题的确立

所谓选题，就是选择所要评价的事物或所要论述的问题。新闻评论的选题，就是选择和确定所要评论的对象和范围、需要阐明和论述的问题及主要观点。

1. 选题的来源

新闻评论所评论的对象和范围应当是当前具有重大意义的、有着普遍引导作用的、能配合整体新闻宣传部署的问题。为此，在选题时务必首先明确选题的根据，拓宽选题的来源。选题时应参照以下几个依据：

一是当前的客观形势、舆论动向和宣传任务，以及最近中央发布的重要决定、工作部署和最新的政策精神。这些不仅是选题的重要来源，而且有助于选题和立论体现正确的政治方向，赢得人们的重视。

二是现实生活中层出不穷的新情况、新变革、新矛盾、新风险，以及来自广大人民群众和社会基层的呼声和要求。这是新闻评论选题取之不尽、用之不竭的源泉。

三是重要的新闻事件和新闻典型。这是社会舆论关注的热点，是结合实际引导舆论、发挥教育功能的好教材，同时有助于新闻评论选题富有新闻性和时代感。

2. 立论

新闻评论的立论，是指一篇新闻评论的主要论断或结论。它是作者对所提出的论点的主要见解，是贯穿全文的中心思想，起统率全文所有观点和材料的作用。

一篇成功的新闻评论，其立论应具备准确性、针对性、前瞻性、新颖性等特点。

（1）立论的准确性，即立论应以准确为前提，只有立论准确，舆论导向才能正确；否则，就会适得其反。立论若违背了准确性，就会失去使人信赖的基础，甚至产生错误的导向，引起人们思想和行动上的混乱。准确性具体表现在：论点的准确，包括概念、论断、提法和分寸把握的准确；论据和引语的准确；完整、准确地阐明党和政府的方针政策和法规；坚持从实际出发，实事求是，力戒浮夸和武断。

（2）立论的针对性，即立论能够针砭时弊，针对不良社会风气和倾向性矛盾，针对偏颇乃至错误的思想，运用正面引导或批评论辩的方式对症下药，以促使矛盾转化，帮助人们提高思想认识，产生积极的社会效应。

（3）立论的前瞻性，即立论能够及时洞察矛盾和预测将会出现的矛盾，尽早探寻事物的内在规律及其发展趋势，进而设想解决矛盾的办法和途径，以便站在时代潮流的前端引导舆论，推动事物的发展。

（4）立论的新颖性，关系到新闻评论的吸引力和生命力。写新闻评论，要抓住新矛盾、新事物、新论题，并从中引发出人尚未言的见地和主张。具体表现为：论题的新颖；见解的独到；输入新鲜的事实材料作为由头或论据；选取新的立论角度；在交锋中闪现亮点。

立论的这些特点不是孤立的，而是互相联系、不可分割的。优秀的新闻评论总是将它们有机地统一起来。

3. 调查研究

调查研究是选题和立论的前提，也是选题和立论的途径，没有调查研究，就没有发言权。新闻评论的调查研究侧重于了解事物的具体矛盾，人们的思想疙瘩，以及解决这些矛盾、疙瘩的途径；收集其他论据性事实和材料；集中人民群众的是非之见和聪明才智；等等。

调查研究的基本方法有：积极地发现矛盾，在调查研究的过程中分析矛盾，并找出解决矛盾的方法；倾听各种言之有物的意见；对于不懂的或知之不多的事情，要虚怀若谷地向有实践经验和理论素养的人民群众或专家请教。

6.1.2　标题的拟制

新闻评论的标题是概括或提示评论的范围、中心论点或基本倾向的简短文字。绝大多数的新闻评论都有标题，只有文前按语、文中按语和电视台的主持人评论不在此列。

小型评论（如专栏小言论、编后短评等）多用单一型标题，中型、大型评论（如社论、评论员文章、述评等）除采用单一型标题外，有时也会出现复合型标题。连续式或系列式评论常用复合型标题。

单一型标题，是指只有主题没有辅题的标题结构形式。复合型标题，是指既有主题又有辅题的标题结构形式，其中辅题又包括引题和副题两种。引题出现的次数较少，副题出现的次数较多，副题的主要任务是补充主题的内容或说明主题的观点，使题义更加全面和完整。

新闻评论的标题相对而言较为抽象，重在对论题、论点的准确提炼，虚题较多，且句式较为灵活。

6.1.3 结构的安排

若选题和立论主要解决"言之有物"的问题，那么结构则主要解决"言之有序"的问题。新闻评论的结构，即按一定的规范来组织和安排评论的论点与材料、总论点与分论点、材料与材料之间的关系。

好的新闻评论布局合理，层次清晰，逻辑通顺。所谓布局合理，即合理安排文章的结构，确定先说什么、后说什么，详说什么、略说什么，选择哪些材料和观点，它们之间如何配合、衔接与过渡等，以使文章各部分之间相互协调，总体布局恰当、合理；所谓层次清晰，即合理安排评论各部分、各段落间的层次关系，使评论的结构层次分明；所谓逻辑通顺，即讲求结构布局的逻辑性，这种逻辑性既要符合事物发展的客观规律，也要符合人们认识事物的基本规律。

那么，新闻评论应如何谋篇布局呢？

在安排新闻评论的结构时，首先，应考虑评论的具体内容，根据所要分析事物或所要论述问题的实际情况、内在逻辑关系和发展规律，围绕论题和中心论点组织安排材料及观点的前后顺序。其次，要考虑受众的实际状况和需要，根据他们的文化水平、接受能力、认识规律和心理需要来安排评论的逻辑思路和篇章结构。最后，既要符合新闻评论的特点，也要体现作者的特色和风格。

新闻评论写作中常见的结构有以下几种：

一是归纳式结构。这是一种从材料到观点，先分论后总论的结构形式。一般先提出论题、摆出论据，然后运用材料依次说明和论证观点，最后由分论点集合成总论点。这种结构形式顺应了事物发展的一般规律和人们认识事物的基本规律，有助于增强评论的说服力。

二是并列式结构。这是一种将总论点分为两个以上的分论点，然后分别进行论证的结构形式。它以平行的方式安排观点和材料，使评论具有较为开阔的视野和较为丰富的内涵。

三是递进式结构，又称剥笋式结构。这是一种对论题进行由表及里、由浅入深、逐层分析的结构形式。这种结构的评论，其各个层次间是一种层层递进的关系，每层都既是上一层次的总结，又是下一层次的铺垫，有助于受众了解事物的本质或问题的实质。

四是演绎式结构。这是一种从观点到材料，先总论后分论的结构形式。一般先提出观点，然后围绕这一观点引入事实或材料，并分别加以论证。这种结构形式符合人们日常的阅读习惯，有利于突出评论的中心论点。

6.1.4 写作格式

新闻评论通常由引论、主体、结尾三部分组成。

1. 引论

新闻评论的开篇或起始部分，称为引论，通常用作提出话题、交代主旨及引出正文。

新闻评论虽然是以传播意见性信息为主要目的的，但也应该在文章的开头部分就抓住受众的眼球，吸引他们的注意，引发他们的兴趣。因此，评论的开头应开门见山、引人入胜，切忌下笔千言、离题万里。

新闻评论写作中常见的引论形式有以下几种：

（1）开门见山，给出结论

在新闻评论的开头直截了当地把评论的话题方向和大致内容交代给受众，使受众在阅读时能够有一个明确的针对性和方向性。

（2）用新闻事件引出论题

以新闻事件为由头，简要叙述该事件的经过和特点，引出下文。有时，事件在开头部分只是一个由头而已，由此引出论题；有时，事件本身也是整篇新闻评论评议的主体。

（3）交代背景，说明动因

在新闻评论的开头部分，先交代一下与评论话题相关的背景情况，这样能够从新闻事件的背后揭示出评论本身的现实意义。

（4）树起"靶子"，各个击破

在批驳性新闻评论中，引论部分可以先描述一种现象或指出要驳论的

（5）引经据典，营造氛围

在新闻评论的引论部分，恰当采取引用的手法，通过引经据典，将生动活泼的氛围带到评论之中，使受众在特有的氛围中感受评论的思想内容、理解作者所要阐明的观点。

2. 主体

新闻评论的主体就是本论部分，它担负着承上启下、组织论据、证明论点的任务。

本论部分的写作既要结构严谨，又要曲折生动。所谓结构严谨，是指在论证的过程中应科学合理地组织好材料、安排好层次结构。所谓曲折生动，是指评论的主体应该有疑问、有辩论、有迂回、有悬念，使论证的过程能充分调动起受众的情感心理。

新闻评论的主体有以下三种常见的结构形式：

一是并列式。就是先提出总论点，再从不同方面论证总论点的结构形式，这里的不同方面是由若干分论点来体现的，不同分论点所统率的各个部分之间是并列的关系。

二是递进式。这是一种由表及里、由浅入深地进行评论的结构形式。它要求对论题逐层剖析、层层说理，各层次之间环环相扣、逐步深化，使论述透彻而深刻。

三是对比式。就是引论部分的事实材料及其所要表达的思想内容是相互对照的，通过对比的手法阐述论题和观点，有力地证实某个论点的正确或谬误。

3. 结尾

新闻评论的结尾是对全文的自然结束，其基本要求是简短有力，不落俗套，不拖泥带水，不说空话、套话。也就是说，新闻评论的写作既不能虎头蛇尾，也不能画蛇添足。

通常情况下，新闻评论的结尾主要有以下三种方式：

一是总结式。所谓总结式，即结合上文的评论内容总结一下全文，以加深受众对全篇评论的总体印象。

二是点睛式。所谓点睛式，即或者是在结尾处明确观点，或者是在结尾处对主体内容进行突出与深化。

三是展望式。所谓展望式，即在结尾处针对上文的思想内容和作者观点，做承前启后的预测、展望或号召。

文无定法，选择什么样的结尾方式，必须根据评论的思想内容和论证的需要而定。

6.2 评论员文章

评论员文章是新闻评论中常用的一种文体，是仅次于社论的重要评论。

社论，在广播、电视媒体中称为"本台评论"，是代表报刊、通讯社、广播电台、电视台等编辑部发言的权威性言论。它是表明新闻媒体政治面目的旗帜。

同其他评论文体相比，社论的论题主要是针对当前重大事件、重大典型和重大问题发言表态的。党的报刊社论，不但代表编辑部发言，而且直接表达同级党委和政府的思想观点和政治立场，具有鲜明的政策性、导向性和指导性，是其他评论文体所不能替代的。

评论员文章是报刊、通讯社、广播电台常用的中型的重头评论，具有重要的导向和喉舌作用。它与社论没有严格的界限，必要时可升格为社论。在实际运用中，它总是与社论、短评等评论文体相互依存，协同合作，取长补短，各显其能，以充分发挥其宣传、指导、启迪和鼓动的社会功能。

评论员文章主要有以下三种形式：

一是本报评论员文章，即由本报评论员撰写或以本报评论员名义发表的评论员文章。它作为结合新闻事件或新闻报道配写的重头评论，旨在体现编辑部的立场、观点和态度。

二是本报特约评论员文章，它属于评论员文章的一种特殊形式，"特约"即表明系社外人士所写。它的任务是就当前重大理论问题、思想问题、社会问题、政策问题和重大改革举措发表独到的见解。规格比本报评论员文章要高一些，主要邀请有关党政领导机关或学术机构的负责人、专家,以及学有专长的有关人士撰写。一般不署名,必要时也可署名。由于它来头大,块头也大,因此人们常称之为"超重型评论员文章"。

三是观察家评论,它是评论员文章的另一种形式,通常用于重要的时事评论。作者以观察家的身份出现,使得评论显得客观且具有权威性。

6.2.1 写作技巧

评论员文章的写作有三个基本要求:一、选择恰当的论题,提炼明确的主题思想;二、针对提出的问题进行分析论证,把道理说得既深刻又透彻,让读者心悦诚服;三、树立正确的文风,力求把文章写得短而精且通俗易懂。

评论员文章因其写作内容的性质不同,可以分为阐述型评论员文章、启迪型评论员文章、评介型评论员文章、论辩型评论员文章、纪念型评论员文章等,因此,它们在写作手法上也略有不同。

1. 阐述型评论员文章

在撰写这类评论员文章时应注意以下几点:

一、要交代国情和时代特征,说明和交代制定方针政策和有关决策的政治背景和客观形势的内在联系,以充分揭示制定并执行方针政策的现实意义及精神实质。

二、要依托典型来阐述政策,揭示政策制定的客观依据,从而使人们加深对政策的理解,提高执行政策的自觉性。

三、论述要突出重点,同时也要顾及全面,力求重点与全面的统一,使论述既有针对性,又不会太片面。

四、要实事求是地分清政策、政治上的是非界限和不同历史阶段的界限。

五、要深入浅出地说理论述,切忌板着面孔说教。

2. 启迪型评论员文章

启迪型评论员文章着重针对实际工作中出现的迫切需要解决的矛盾,或者现实生活中出现的具有普遍意义的思想、作风、领导方针方面的问题发言,帮助读者从思想、理论和政策上提高认识水平,增强对党的基本路线的理解，促进全社会的社会主义精神文明和物质文明的建设。

启迪型评论员文章的论述包括两个方面：一是对人们精神世界的普遍性矛盾进行思想疏导，侧重于务虚；二是对具体工作和生产实践进行指导，侧重于务实。然而，不管是哪一方面，其实质和目的均是在虚与实相互结合的基础上对受众进行思想上的引导和启迪。

3. 评介型评论员文章

评介型评论员文章的任务是着重对有典型意义或重要意义的新闻人物或事件进行旗帜鲜明的褒贬、评介，从思想、政治、理论的高度进行论述和概括，以揭示其本质，总结经验或教训，从而发挥启迪思想、引导舆论的社会功能。

为发挥评介型评论员文章的评价效应，撰写时应注意以下几点：

一、立论要旗帜鲜明、富有远见卓识。这就要求作者具有胸怀坦荡、爱憎分明的革命情怀。

二、要善于对评介的对象进行由表及里、由此及彼的分析、概括和挖掘，以增强论述的深度，切忌就事论事，隔靴搔痒，做表面文章。

三、要正确掌握赞誉与针砭的指导思想及其辩证关系。

4. 论辩型评论员文章

在撰写这类评论员文章时应注意以下几点：

一、要严格区分矛盾的性质，针对不同的对象实事求是、区别对待，既要敢于论辩，又要善于论辩。

二、要摆事实，讲道理，就本质进行论战，坚持以理服人，破中有立，反对简单粗暴，强词夺理，或在非原则问题上纠缠不休。

三、要将原则上的坚定性和战术上的灵活性有机结合，善于划清是非界限，既不要有温情麻木的右倾情绪，也不要有辱骂恐吓等极左倾向。

5. 纪念型评论员文章

这类评论员文章由于逢年遇事都要写，往往易于写成例行公事式的官样文章或应酬文字。因此，在撰写这类评论员文章时应注意以下几点：

一、要高瞻远瞩，善于结合当前的形势和任务，揭示纪念活动或政治活动的现实意义，陈述所面临的光荣任务和时代使命，并积极地展望前景。

二、要善于联系当前发生的重大新闻事件、重大典型，或针对现实的社会弊端和思想矛盾来写，以强化舆论引导的功能。

三、要恰当地通过交代有关事件或活动的社会背景和政治背景，或总结有关事件或活动的正反两方面的历史经验，来突出其政治价值，强化其现实意义。

四、要持论精当、分寸得体、逻辑严谨，文字要清新畅达。

6.2.2 范文模板

"农改居"：农民的权益只能增不能减

近日，北京市发布关于进一步推进户籍制度改革的实施意见，宣布将取消北京地区农业户口和非农业户口区分，统一登记为居民户口。作为特大型城市和首都，北京加入"农改居"行列，对于户籍制度改革而言，尤其具有里程碑意义。至此，全国31个省份均出台了以"农改居"为核心的户籍制度改革意见，全面取消了农业户口。这标志着自1958年实行以来的二元户籍制度退出历史舞台，也是推进国家治理现代化和"三农"改革发展的一件大事。

农业户口和非农业户口之分，是我国计划经济时代的产物，它在适应当时经济发展条件和社会管理水平的同时，也在城乡之间横亘起一道壁垒，造成了城乡经济社会的严重二元化，导致城乡差距的持续扩大和农民权利的巨大损害，其本身也成为经济社会发展的痼疾和瓶颈，一直以来广为诟病。随着经济社会的发展，加快推进户籍制度改革，不仅成为时代的呼声，也具备了实施的条件。

全面取消农业户口，实施"农改居"，其巨大的政治意义和深远的历史意义，不仅在于，我们党的执政宗旨是全心全意为人民服务，农民作为人民中的大多数，理应享有其应有的权利；也不仅在于，历史的欠账必须清还，农民为革命、建设、改革开放作出的巨大牺牲和贡献，必须得到合理合法和有尊严的补偿；还不仅在于，在推进城乡一体化的当下，农民当然应该平等参与现代化进程，共同分享现代化成果；而且还在于，建设富强民主文明和谐的现代化国家，实现中华民族伟大复兴的中国梦，绝不能有二元社会的存在，绝不能有"二等公民"的存在。农民，将历史性地回归其本来之义，它是一种职业，而不是身份！

全面取消农业户口，实施"农改居"，是城乡一体化进程的重大决策和关键节点。因此，对待"农改居"，就应从城乡一体化的视角来看待，从城乡居民权利同等化的要求来落实。实施"农改居"，关键就是要落实好"一体"和"同等"，就如人的身体各器官，虽然处于身体的位置不同、功能不一，但都是身体的一部分，都不可或缺，都要加以呵护，不仅营养要均衡送达，还要有针对性地固本扶弱。城乡之间亦然。面对城乡之间在基本公共服务方面的不平等和差距，如何让农民真正享受到城市居民同等的福利和保障，是"农改居"题中应有之义。因此，下一步还需要出台更有针对性的政策细则，加大对农村地区公共服务的延伸覆盖，逐步弥平城乡居民福利待遇方面的差距，创造条件不断改善农村居民在教育、医疗、就业、养老、卫生、文化等方面的弱势和不足，着力消除各种或显或隐的福利差距，让好政策真正落地，让农民有一种明显的获得感，如此方符合政策设计的初心。

取消农业户口，实施"农改居"，农民的权益只能增不能减。比如，土地承包经营权、宅基地使用权和集体收益分配权等是法律赋予农民的经济、政治权利，也是农民的基本权利和核心权利，是农民生存发展的"命根子"，任何人都不能侵害，任何人都不能打任何的"小算盘"！要坚决防止以"农改居"名义打农民土地权利的主意，更不得以各种理由改变农村土地集体所有的属性，严重侵害农民的土地财产权利。要坚决防止"农改居"后搞所谓的"以土地换社保"、强行要求农民退出承包地。农民的土地承包经营权是法赋权利，本质上是一种财产权，要不要退出，是他的自由，任何人都不能剥夺，就像任何人不能因为一个市民搬到乡下生活、就要求他退出城里的房产一样，任何人也无权要求一个进城农民必须退出他的承包地。当然，我们鼓励在城市有稳定就业生活的农民工有偿退出承包地，也相信只要我们保持历史耐心，会有更多的二代、三代农民工自动退出承包地。但请记住关键的两个词：有偿、耐心！任何退出都必须有偿，都要交换；任何退出都要有耐心，都要时间！令人欣慰的是，随着各地正在开展的土地确权登记颁证工作的全覆盖，农民的土地权利将会牢牢地攥在农民自己手中。

开弓没有回头箭。取消农业户口，实施"农改居"，是顺应时势、呼应民心之举,但宣布取消易,扎实实施难。而这不仅与政策意愿相关,还与经济实力相连,在经济新常态下这更是一个考验。因此,在政策确定之后,"落实"很重要,"扎实"更显功夫。不能脱离本地实际的好高骛远,不能不管经济水平的贪多求快,一定要量体裁衣,有多少米做多少饭,虽然不能一夜之间实现城乡居民权利福利真正一样,是很遗憾的事,但每天都有小进展,积小胜终能成大胜。

"任何时候都不能忽视农业、忘记农民、淡漠农村",这是全党全社会高度重视"三农"的重锤响鼓。实施"农改居",为增进农民福祉创造了新的契机,但农业弱质、农民弱势、农村发展滞后的总体态势没有改变,城乡之间的差距在短时期内也很难消除。因此,"农改居"之后,对"三农"的支持力度只能增强不能减弱,农民的权益只能增加不能减少。这应该成为一种共识并始终坚持。

(本文引自2016年9月23日《农民日报》)

6.3 短 评

新闻评论被称为"报纸的心脏",而短评则被称为新闻评论中的"轻骑兵",它是一种篇幅短小、内容单一、分析扼要、运用便捷的新闻体裁,在报纸、广播、电视中都可以使用,其中,在报纸上最为常见。

短评在发表时有署名与不署名两种形式。署名短评一般以个人身份发言,形式灵活,手法多样;不署名短评一般代表媒体编辑部发言,是编辑部评论中比较短小、灵活的一种新闻体裁。短评在运用时有两种形式:一种是针对某一事物或问题发表的独立成篇的简短评论;另一种是为配合新闻报道而发表的就实务虚、就事论理的短小评论。其中,后者的使用更为普遍。

6.3.1 写作技巧

怎样写好短评呢?好的短评,应力求做到"言近而旨远,词约而意深"。短评的写作应遵循以下四个原则：

一要短小精悍。首先是篇幅应短小，一般来说，短评的字数在500字左右；其次是评论内容要具体、立论角度要集中、结构要简单、文字要精练。短评应抓住新闻报道或所评论事物的某一点进行议论，力求文字简洁凝练。

二要"新"。首先，选题要新鲜、及时，即抓住最具时效性的新闻报道或新鲜事实进行分析和评价；其次，立论角度要新颖、观点要独到，即能够从新的视角观察事物，进行与众不同的分析并得出具有个性的见解和结论；最后，要引入新的论据，采用新的表述方式，使评论给人以新的启迪等。

三要生动、灵活。首先，短评的分析应该生动、吸引人，运用多种写作手法使文章富有生气；其次，短评的结构应该灵活多样，依据不同的评论对象变换文章的开头、结尾；最后，短评的语言文字应该生动活泼，使文章在言之有物的同时活泼有趣。

四要"深"。作为依托新闻报道而发的短评，应注意依据报道中的新闻事实，或揭示其意义，或挖掘其根源，或剖析其本质，或预测其影响，就事务虚，缘事议理，依托个别，指导一般。

6.3.2　范文模板

责要尽责，失责必问责

新华社北京8月17日电（新华社记者）吉林长春长生公司问题疫苗案件问责结果日前公布，多名省部级领导干部受到严肃处理。这次问责力度大、速度快、尺度严，充分彰显了以习近平同志为核心的党中央全面从严治党的坚定决心，释放了有责要尽责、失责必问责的强烈信号。

从问题疫苗案件调查的情况看，地方政府和监管部门失职失察、不作为，个别工作人员渎职，负有不可推卸的责任。教育千遍，不如问责一次。对问题疫苗案件相关责任人严肃追责，警示各级领导干部：谁不担当不作为，就必须从严问责！

问责是一把利剑，也是一种鞭策。高悬问责利剑，加大问责力度，意在让各级干部警醒起来，激发担当精神，挑起该挑的担子，切实履职尽责。要强化底线意识，针对药品安全领域的突出短板和问题隐患主动作为，敢于啃硬骨头，舍得下苦功夫，让监管真正严起来、实起来、硬起来，坚决守住公共安全底线，坚决维护最广大人民身体健康。

（本文引自2018年8月17日新华网）

6.4 编者按

"按"即"按语"的简称，"按语"也写作"案语"，就是写在文章前面（或后面）的话。古时的文人墨客在写文章前会写一些关于文章主旨、相关情况、说明等的文字，这类文字就叫作"案语"，后来也写为"按语"。

编者按语简称为编者按，是一种依附于新闻报道或文章的画龙点睛式的简短的编者评论，是报刊、通讯社、广播、电视等各类新闻传播媒介的编者对新闻报道或文章所写的评介、批注、建议或说明性文字，是新闻传播媒介的编者专用及常用的一种发言方式。

编者按是篇幅最短小、依附性最强的一种新闻体裁。离开了新闻报道或文章，编者按就失去了其存在的针对性和必要性。

通过编者按，编者既可以针对文中的观点或材料表达编辑部的意见，又可以提示要点并借题发挥。一篇好的编者按能为新闻报道或文章起画龙点睛的作用，在编者和读者之间架起一座互动的桥梁。

特别是在遇到如下两种情况时，一定要加编者按：一是新闻报道或文章反映了新事物、新问题、新经验、新见解，体现了党和国家的最新政策、精神，而这些并没有完全被人们所认识，这时就需要编者加以引导；二是针对那些具有普遍指导意义的新闻报道或文章，需要向读者推荐或进行说明，提请读者注意，以增强宣传效果，这时也需要编者加以引导。

编者按具有以下两个主要特点：

一、简短。编者按通常200字左右，甚至更短，有时只有三言两语。即便简短，文字也要切中要点。

二、自由。它没有独立的标题，位置和格式也较随意。编者随时可以对新闻报道进行说明和批注。

编者按的位置灵活多样，可以根据需划放在新闻报道或文章的前面、中间或结尾。按照编者按的位置划分，可分为文前按语、文中按语、编后等。

文前按语，又称为题下按语，在广播、电视中称为编前话。它在三种按语形式中的编排位置最明显，通常居于文前或栏前。在报刊上发表时常用楷体或比正文大一号的字体排出，有时还进行加框或加线处理，以突出其重要地位。

文中按语，又称为文间按语，是报刊上独有的按语形式。它与新闻报道或文章既有配合的关系，又有渗透的关系，通常直接插入文中，附在新闻报道或文章的某句话、某段文字后面，就新闻报道或文章中的词语、提法、内容等进行批注、诠释、补充，或修正错误、提出希望等，以帮助读者领会文意、加深认识或避免传播中出现的副作用。

加在文后的按语称为编后，又称为编余、编后小议、编辑后记等，在广播、电视中称为编后话。它附于新闻报道或文章之后，是编者依托新闻报道或文章有感而发的一种文字。其作用在于补充和深化报道主题或文章的中心思想，在帮助读者理解新闻报道或文章的同时，增加其内涵的深度、广度与力度。

6.4.1 写作技巧

编者按因位置、性质不同，其写作技巧也略有不同。

1. 文前按语的写作技巧

一是以编者身份发言，通常情况下不署名，也不拟制标题。

二是行文提纲挈领，文字简明扼要，不必复述所依附的新闻报道或文章的内容，只须直接提出编者的看法和观点。

2. 文中按语的写作技巧

一是与所依附的新闻报道或文章既相互配合，又相互渗透，编者可以直接评价、分析文中的内容和提法，这类按语的针对性较强。

二是有感即发、有疑即注、有错即批，随时点评，使用方便，运用灵活，有助于避免传播中出现的副作用。

三是文字简练、主题鲜明，与上下文衔接自然，符合读者的认识规律，便于读者接受与理解。

3. 编后的写作技巧

一是在发表形式上与前两种按语有所不同，它位于新闻报道或文章之后，结构更为完善，可以拟定标题，也可以署名。

二是在写作要求上与前两种按语有所不同，它在写法上更接近随感短评，可以加上必要的分析、议论，也可以抒情、联想和借题发挥。

三是在功能上与前两种按语的侧重点不同：文前按语冠于文首，大多起到强调、提示的作用；文中按语穿插于字里行间，大多起到注释、点拨的作用；编后置于文末，大多起到引申、升华的作用。

四是在运用方式上与前两种按语相比更加灵活多样，不仅新闻报道或文章可以配写编后，图片、表格、漫画等也可以配写编后。

不论是哪种类型的编者按，在撰写时，都要做到这三点：精、活、度。

精，是指文字简洁精粹。编者按在写作中可以省略用于介绍的由头或论据，直接对所报道的问题发表观点，做到词约意深、点到为止。

活，是指形式灵活多样。编者按是各类新闻评论体裁中运用方式最灵活的一种。其灵活性体现在两个方面：一、篇幅短小和操作程序相对简单，使得写作过程没有时间上的紧迫感，可以对新近发生的事件迅速作出反应；二、无论是版面还是栏目，是单篇报道还是组合式报道，是文章还是图片都可以配写编者按，其使用范围相当广泛。

度，是指态度鲜明适度。编者按虽然文字简洁，不同于代表媒体编辑部的发言，而是版面编者对新闻所加的评价或说明性文字，但依然要体现鲜明的态度，帮助读者准确地领会报道的意图，深化报道的主旨。另外，反对和提倡的界限要分明，同时，为了实现良好的传播效果，必须恰当地使用说理的方法,要掌握好说理的分寸。

6.4.2　范文模板

范文模板一:

编者按:现代社会是历史辙痕的延伸。当浓浓的乡愁挥之不去,当人们通过对方块字的读写来描摹先贤的心意,传统文化带着它的温度,融入每位国人的生命。传统文明与现代中国有哪些关联,历史的根脉如何植根现代土壤,又怎样找寻活的传统?今天起,我们陆续推出同济大学"复兴古典书院"的师生们对传统文化的思考,或许有助于激发大家对这些问题的解答。

(本文引自2015年3月24日《人民日报》)

范文模板二:

编者按:由《新京报》主办的"2013中国时尚权力榜"即将正式启动,今年的时尚权力榜,正好迎来新京报创刊十周年,因此我们以"梦想进化论"为主题,从今日起,通过对行业精英人士的系列采访,以权力、创意、守护、创新、品位、变革、选择七个关键词切入,来揭示权力与梦想相互作用的规律以及对行业发展的推动力。

本次"中国时尚权力榜"榜单包括年度时尚公众人物大奖与年度时尚品牌类大奖,由时尚、文化、艺术、媒体等不同领域的标杆人物担任评委,榜单最终将于12月初揭晓,并于中国国家话剧院举办颁奖典礼,敬请期待。

(本文引自2013年10月11日《新京报》)

第7章
新闻特写

所谓新闻特写，即用类似电影"特写镜头"的手法来反映新闻事实，是作者深入事件新闻现场撰写的一种现场感较强、篇幅较小的新闻体裁。通俗来说，新闻特写就是以描写为主要手段，截取新闻事实中某个最能反映其特点或本质的片段、剖面或者细节，对其进行形象化的再现与放大的一种新闻体裁。

作为把电影特写与文学特写手法引进新闻写作领域的产物，新闻特写是一种有现场感的、生动活泼的新闻体裁。新闻特写的"特"，主要表现在对事实的局部如实地进行"放大"。也就是说，它之于信息传递，不仅有简单的告知，还有细致的切入和对生活的透视，能给读者留下清晰的印象并深受感染。

新闻特写具有以下三个特点：

一是聚焦性，即通过焦点反映整体。新闻特写不是在事物的全貌上平均用墨，而是将构思、运笔都集中到一点，从而折射出事物的概貌和本质特征。

二是描绘性，即对最能表现人物或事件特性的焦点如实地进行再现和放大，浓墨重彩，工笔细描。这里的"再现"，指的是新闻特写除了要有必要的简练的叙述，还要有绘声绘色的现场描写。这里的"放大"，指的绝不是对事实的夸大，而是对新闻事实某个局部的实录和展开，并详尽、生动地描绘典型细节。

三是感染性，即写人写事，文情并茂，如入画中，极富感情色彩。新闻特写的感人力量既体现在激荡人心的内容中，又体现在看似平常的生活里。只有既突出典型的意义，又抓住有情有景的细节，新闻特写才具有感人的力量。

新闻特写通常有以下几种类型：

一是人物特写，即集中、突出、清晰、强烈地再现报道对象的某种有强烈动感的行为。这里包括两种情况：一是对人物行为、性格的某一侧面进行描写，反复咏叹，给读者留下深刻的印象；二是"攻其一点，不及其余"，只抓住人物活动的某一瞬间，人物生活的某一镜头，人物性格的某一特点，从一个点去透视人物的内心世界。

二是事件特写，即摄取与再现重大事件的关键场面，这种新闻特写最大的特点是将笔墨集中于关键的场面及情节和事件的高潮，并把它们加以放大。事件特写又分为两种：一种是选取重大事件中的关键场面予以生动的再现；另一种是既着重再现事件的关键场面或情节，又适当介绍事件的有关背景或因果。

三是场面特写，即对新闻事件中精彩场面的再现。场面描写有以下三种情况：一是再现某项工作或活动的生动场面；二是生动地描述社会生活中某些有特殊意义的镜头；三是关于自然景观或富有特色的地方风物的特写。

四是景物特写，即对有特殊意义或有价值的罕见景物的描写。

五是工作特写，即对某一工作场面的生动再现。

7.1　写作格式

新闻特写一般由标题、导语、主体和结尾四部分组成。

1. 标题

新闻特写的标题一般简明扼要，生动形象。可根据表达的需要，设置单行标题或多行标题。

2. 导语

即正文的第一自然段，或开头的一两句话。新闻特写导语的形式有很多种，包括概括式、解释式、引入式等，至于采取哪种形式，作者应根据实际情况来选择，目的是吸引读者的眼光。

3. 主体

导语之后便是主体。主体是新闻特写最重要、最精彩的部分，通常必不可少。主体的结构可根据表达的需要灵活安排。

4. 结尾

主体之后便是结尾。结尾要响亮、有力，发人深思，给人以启迪。

7.2　写作技巧

新闻特写由于借鉴了电影特写的手法，将对象镜头化，所以能产生强烈的可视性，人们常把它称为"视觉新闻"。因此，在写作方面可采用以下几种技巧。

1. 重视并善于进行现场观察

新闻特写一定来自新闻现场，记者通过将现场情景、亲身感受形之于笔，再现大喜大悲的新闻场景，使读者如临其境，产生视觉、听觉、触觉、味觉等感官冲击和心灵感应，进而获得鲜明而深刻的印象。因此，新闻特写的撰写特别强调记者要重视并善于进行现场观察，强调获取第一手材料。观察是为了把新闻事实中最精彩、最关键、最生动的情节和场面抓住，并形象生动地再现出来。可以说，没有现场观察，记者是无法写出新闻特写来的。

2. 善于再现现场情景

新闻特写主要是通过再现现场情景表现出来的。用文学表现手法再现现场情景，尤其是瞬间印象，这是其写作的一大特色。因此，在完全真实的前提下，要绘声绘色、声情并茂地再现现场情景。

3. 善于集中突出题材

无论是写人还是写事，新闻特写都应当重视事实的细节，集中内容，突出一点，以小见大，再把细节放大，并如实地加以描绘。

4. 善于将白描、细描并用

描写是新闻特写的主要表达方式，新闻特写往往截取新闻事件或新闻人物的一个片段、一个场面、一个情景、一个镜头，运用文学手法对其进行描写，使读者如临其境、如闻其声、如见其人，具有强烈的感染力。有人的活动，就会有言谈举止、音容笑貌，就会有传神的细节、生动的镜头。把这些细节、镜头处理好，就能使新闻特写显得有声有色，给人身临其境的感觉。因此，新闻特写在表达方式上要特别注重描写，巧妙运用白描、细描的手法表现事件或刻画人物。

白描讲究传神，一般不做渲染和烘托。细描常表现事物的动态和人物的内心活动、表情、姿态，讲究逼真细致。新闻报道要求短、快，所以新闻特写多用白描手法，即以朴实的文字，简单的几笔，鲜明地勾勒出所要报道的事实的形象。

5. 遵循真实性的原则

无论是写人还是写事，新闻特写都必须遵循真实性的原则，如实描写真人真事，细节也必须是真实的。要以现场观察为基础，像新闻摄影一样拍摄现场的真实情景，捕捉典型瞬间的生动形象，使作品具有强烈的现场感。

7.3 范文模板

别了，"不列颠尼亚"

新华社记者 周树春、胥晓婷、杨国强、徐兴堂

在香港飘扬了一百五十多年的英国米字旗最后一次在这里降落后，接载查尔斯王子和离任港督彭定康回国的英国皇家游轮"不列颠尼亚"号驶离维多利亚港湾——这是英国撤离香港的最后时刻。

30日下午在港岛半山上的港督府拉开序幕的。在蒙蒙细雨中，末任港督告别了这个曾居住了二十五任港督的庭院。

4时30分，面色凝重的彭定康注视着港督旗帜在"日落余音"的号角声中降下旗杆。

根据传统，每一位港督离任时，都举行降旗仪式。但这一次不同：永远都不会再有港督旗帜从这里升起了。4时40分，代表英国女王统治了香港五年的彭定康登上带有皇家标记的黑色"劳斯莱斯"，最后一次离开了港

督府。

掩映在绿树丛中的港督府于1885年建成，在以后的近一个半世纪中，包括彭定康在内的许多港督曾对其进行过大规模改建、扩建和装修。随着末代港督的离去，这座古典风格的白色建筑成为历史的陈迹。

晚6时15分，象征英国管治结束的告别仪式在距离驻港英军总部不远的添马舰军营东面举行。停泊在港湾中的皇家游轮"不列颠尼亚"号和临近大厦上悬挂的巨幅紫荆花图案，恰好构成这个"日落仪式"的背景。

此时，雨越下越大。查尔斯王子在雨中宣读英国女王赠言说："英国国旗就要降下，中国国旗将飘扬于香港上空。一百五十多年的英国管治即将告终。"

7时45分，广场上灯火渐暗，开始了当天港岛上的第二次降旗仪式。一百五十六年前，一个叫爱德华·贝尔彻的英国舰长带领士兵占领了港岛，在这里升起了英国国旗；今天，另一名英国海军士兵在"威尔士亲王"军营旁的这个地方降下了米字旗。

当然，最为世人瞩目的是子夜时分中英香港交接仪式上的易帜。在1997年6月30日的最后一分钟，米字旗在香港最后一次降下，英国对香港长达一个半世纪的统治宣告终结。

在新的一天来临的第一分钟，五星红旗伴着《义勇军进行曲》冉冉升起，中国从此恢复对香港行使主权。与此同时，五星红旗在英军添马舰营区升起，两分钟前，"威尔士亲王"军营移交给中国人民解放军，解放军开始接管香港防务。

0时40分，刚刚参加了交接仪式的查尔斯王子和第二十八任港督彭定康登上"不列颠尼亚"号的甲板。在英国军舰"漆咸"号及悬挂中国国旗和香港特别行政区区旗的香港水警汽艇护卫下，将于1997年年底退役的"不列颠尼亚"号很快消失在南海的夜幕中。

从1841年1月26日英国远征军第一次将米字旗插上海岛，至1997年7月1日五星红旗在香港升起，一共过去了一百五十六年五个月零四天。大英帝国从海上来，又从海上去。

（本文引自1997年7月1日新华社香港）

第8章 专访

专访作为一种独立的新闻体裁，既区别于消息，也区别于一般意义上的通讯，更不同于新闻特写。

专访，又称访问记，既是一种采访方法，也是一种新闻体裁。专访强调的是"专"和"访"，"专"即访专人、访专题，被采访者是特定的人，内容突出专题性，且"专"在独家视角上；"访"即访问，这是成文的手段，因而专访的内容是访问活动的实录，往往以被采访者的谈话内容为主，再穿插有关现场情况、背景材料等，将其连缀成篇。

专访更着力于营造一种采访者、被采访者、读者三方同在的时空效果，实现读者与被采访者的近距离交流。

专访包括以记人为主的人物专访、以记言为主的问题专访和以记事为主的事件专访。

人物专访，即被采访者主要以新闻人物，或新闻事件、热点问题中的关键人物，或有某种特定新闻背景的人物为主。

问题专访，也称意见专访、言论专访或学术专访，这种类型的专访是采访者带着社会生活和实际工作中人们共同关心和迫切需要解决的问题所做的专题访问，请有关人士加以解答。

事件专访是指记述某些新闻事件的特殊意义、内幕情况或者澄清事实的专题访问。它主要通过采访这些事件的参与者、目击者或者见证人来再现与剖析新闻事件。

8.1 写作格式

专访通常由标题、开头、主体和结尾四部分组成。

1. 标题

专访的标题一般采用多行标题，可采用对仗式，如"真心做教育 真情写人生——记××市××县××××园长×××"；也可采用嵌入式，如"'大男人'×××成就魅力校长"；还可采用引语式，如"科研要以经济发展为第一要义——×××教授访谈录"。

2. 开头

开头即篇首语，即用文字简单地介绍几个方面的内容：被采访者的概况；被采访者的某一突出成就；关于采访现场的描述；此次采访的目的。

3. 主体

专访是访问活动的实录，因此，问答体是其主要形式。问答体是专访最主要的叙述方式，也是最简单、最能体现专访文体特征的叙述方式。其写作要领就是实录经过整理的采访过程，以采访者提问、被采访者回答的问答体发表。问答体能最大限度地再现访谈内容，其实录性、可信性与可读性都很强。实录包括正式访问时的话题、氛围、现场、采访者与被采访者的交流等，它的主要内容应该以被采访者的谈话为主，其间穿插一些现场情况和背景材料。

多数专访会采用显性问答体，根据报道效果的需要，有些专访也可采用隐性问答的散文式，还可采用口述实录式。

散文式专访基本摆脱了一问一答的模式，采访者可根据专访报道的需要自由取舍问答的内容，并灵活地运用描写、议论、抒情等表达方式，穿插叙述访问的情景、过程，或者描述被采访者的形象、性格等。

口述实录式专访往往用全文集中记录被采访者的口述，也就是说，淡化处理或者删除采访者所提出的问题，主要保留被采访者的谈话。

4. 结尾

专访大体上可以归结为下列几种结尾方式：以作者的抒情和评论作结；以被采访者的希望和要求作结；以一个难忘的镜头作结；以对被采访者

情况的补充交代作结。

8.2　写作技巧

专访前要做好充分的准备。提前准备好背景材料、知识资料，同时，要确定好访谈主题，针对主题设计问题，切忌广而泛地提问。

专访中要善于提问与观察。提出的问题要直截了当、言简意赅、通俗易懂。并且，要学会用眼睛观察，这是十分必要的。

专访后要注意核对，引语一定要准确。专访稿要准确地表达被采访者所陈述的内容、概念与意思，要准确地体现被采访者的性格、身份。

8.3　范文模板

科研要以经济发展为第一要义
——杨振宁教授访谈录
记者　温红彦

6月10日，在南开大学为当代杰出物理学家杨振宁教授举办70华诞庆祝活动的第二天，记者在南开大学东方文化艺术楼采访了他。杨振宁教授学术活动繁忙，仍然抽出宝贵时间认真回答记者的一系列提问。记得在著名物理学家丁肇中教授的《杨振宁小传》中，有一句话概括得很好："杨教授为人耿直，教诲不倦，聪敏过人而治学严谨，是年轻人无上的榜样。"

记者：杨先生，此次您和陈省身先生、吴大猷先生、李政道先生等在中国大陆举行了一系列学术活动，在中国学术界引起很大反响。您认为这次"具有世纪意义的聚会"对中国今后的科技发展、对海内外和海峡两岸的学术交流将有什么重要作用？

杨振宁：这次聚会对今后的科技交流将起到更积极的作用。吴大猷先生这次到大陆来，加上他安排好的大陆7位学部委员访问台北，是令人高兴的事。很快还会有第二批、第三批科学家去台湾，我想这是非常好的开端，这个关口突破了，以后的交流会更多。相信这也是大家非常高兴的事情。

记者：杨先生，今年2月份我拜访科学院数学所王元教授时，在他那里看到您写给科学界的一封信，其中谈到中国在科学家传记和科技报道方面存在的一些问题。这对新闻界也很重要，您能不能对此着重谈一谈？

杨振宁：日本人对他们老一辈科学家的贡献在不遗余力地进行研究，这点我有很深的感受。中国大陆和台湾在这方面功夫做得不够。现在有些人在做，但做得不够严谨，有些是不能登大雅之堂的。要写一个科学家，就要仔细研究他（她）在每一时期做研究工作时的学术背景和社会背景等各方面因素，才能对一个人有一个全面、准确的评价。当然，对新闻记者的要求跟对研究科学史的人的要求不同。但有另外一方面要求，我认为也是很重要的，就是忠实地报道，全面地反映，不要说些没有意思的话，形容词用多了就没有任何意义了。当报道一个科学家时，要用客观的眼光看看被采访者的待人接物、道德文章，把这些真实地、全面地写出来。这是值得中国新闻同行注意的问题。

记者：现在中国在进行深入的科技体制改革。在改革过程中，基础研究、应用研究和科技开发三者的关系问题常常是人们考虑较多的问题。您认为这三者应如何协调、怎样发展？

杨振宁：这确实是一个非常复杂而难办的问题。因为每一学科的人都觉得自己的工作是重要的，是对国家民族有重要影响的。怎么能够根据中国的现状，根据许多学科的不同进展需要，作出适当的资源分配，这是非常复杂的问题。大原则要首先弄清楚。我认为第一大原则就是尽快把中国经济搞上去，任何别的原则都不能与这一原则相提并论。在这方面，中国大陆改革开放以后，已经有很大进步了。以经济发展为第一要义，就是不花多少钱的科学研究可以放手去做，花钱的科学研究尤其是花大钱的基础研究，就要仔细斟酌。我很高兴的是，近年来中国对这一点有了更多的认识，决策上也不再有大的偏差。当然有些人说，他所做的东西今天没有经济效益，过30年后会有经济效益。我认为在中国当前的经济条件下，30年不能等。30年才有经济效益的事情应该放在稍后的位置，假如它需要相当多的经费支持的话。这里有两点比较重要：不花钱的基础研究可以多搞，如数学研究；与国防有关的基础研究要重视，即使十几年之后才能出效益，也要坚持搞下去。

记者：杨先生，在您的《读书教学四十年》一书中，有一篇文章是《对中华人民共和国的物理的印象》，那是您第一次访问中国时的印象。20年过去了，您认为中国目前物理学研究有什么进展，在国际上处于什么水平？

杨振宁：这些年来中国在物理方面做了很多的工作。比如说高温超导，是紧跟着世界最前沿的研究。现在这方面又培养出很多的人才，我认为这是很好的现象。这既符合搞好基础研究，又符合以经济效益为第一的原则。

记者：中国改革开放以后，到国外去的留学生很多，尤其是留美学生很多。您对留学生问题有什么看法？

杨振宁：我认为不必着急。留学生充其量几万人，中国真正有才干的人多得很。一定要让那些出去的人都按时回来是件不容易的事情。他们在那儿把关系维持得很好，学有所成，他们终归是心向中国的。有一个非常有意思的事情，50年代、60年代，台湾在美国的留学生确实不少。80年代后，他们回到台湾，看到台湾经济大大地发展，他们说，许多在大企业有建树的人，当初都是他们的同学，成绩不如他们好，但这些人留在了台湾，为台湾经济的起飞起了重要的作用。我想，他们言下不免有后悔之意。从大陆的情况看，今天虽有几万人在美国，20年后他们再到大陆来，会觉得他们当初不回来是一个错误的决定。因为我个人认为，过去这十几年在邓小平的改革开放政策下，中国已经取得了了不起的成就。你也可以想想看，这十几年无论城市、农村，生活水平的提高、经济的发展，对这么大个国家来说，都是了不起的进步。这个了不起的进步再延长20年，整个中国在世界上的地位，以及中国人对自己的看法都会有一个整体的改变。那时留在美国没有回来的人，我预言他们会觉得当初错了。一个人一生最重要的是找机会，就是在一个还没有发展起来的地方去开拓。

（本文引自1992年6月22日《人民日报》）

第三篇

宣讲类传播文书

宣讲类传播文书是指面向特定受众宣传讲解观点、主张或事物特征的一类文书，主要包括演讲稿、广播稿、板报、发刊词、序和跋等。

第9章
演讲稿

演讲稿也叫演讲词，它是一种实用性很强的文体，是在较隆重的集会和会议上发表的讲话文稿。

演讲稿的分类方式有许多种：按演讲场合划分，可将演讲稿分为会场演讲稿、广播演讲稿、电视演讲稿、课堂演讲稿、法庭辩论稿等；按演讲内容和性质划分，可将演讲稿分为政治演讲稿、学术演讲稿、社会活动演讲稿等；按表达方式划分，可将演讲稿分为记叙性演讲稿、议论性演讲稿、抒情性演讲稿等。

由于演讲的内容、目的不同，演讲稿的形式也各异。概括来讲，演讲稿具有以下几个特点：

一、内容的现实性。演讲稿的写作目的是表明某种观点或态度，无论它表明的是哪种观点，都必须与现实生活密切相关。演讲稿说明的应该是现实生活中存在的并为人们所关心的问题，所以它的内容不可以虚构，必须真实可信。

二、情感的说服性。演讲的目的和作用在于打动听众，使听众认可演讲者的观点或态度。演讲稿作为这种具有特定目的的讲话稿，一定要具有说服力和感染力。许多知名的演讲家，他们的演讲之所以能打动人，最根本的原因就是他们的演讲在情感上引起了听众的共鸣。

三、情景的特定性。每一个演讲稿都是为演讲服务的，不同的演讲会有不同的目的、情绪，以及不同的场合、听众，这些构成了演讲的情景。演讲稿的内容要与演讲的情景相适应，演讲稿若脱离了情景，便会空洞且缺乏感染力。

四、语言的生动性。生动性就是能够感染人，生动的演讲对听众来说是一种享受。要使演讲稿的语言生动，就要多向生活学习、多向网络学习、多向书本学习，学习其中丰富的、新鲜的、表现实际生活的东西，这样会使演讲稿的语言更生动、更有新意。

五、表达的口语化。演讲稿的内容切忌文绉绉。演讲稿主要用于讲话，它是有声语言，是书面化的口语，所以演讲稿要"上口""入耳"。一方面，演讲稿要把口头语言变为书面语言，即化声音为文字，起到规范文字、帮助演讲的作用；另一方面，演讲稿要把较为正规严肃的书面语言转化为易听易懂的口头语言，便于演讲。同时，演讲稿的语言应适应演讲者的讲话习惯，同演讲者的自然讲话节奏一致。

9.1 写作格式

演讲稿的格式相对固定，一般由标题、称谓、正文三部分组成。

1. 标题

演讲稿的标题比较灵活，常见的标题形式有五种，分别是提要式、寓意式、警句式、设问式、抒情式。提要式标题概括演讲的核心内容，如"劳动，是神圣的"；寓意式标题运用修辞手法把抽象的哲理具体化，如"扬起生命的风帆"；警句式标题常引用名言警句，如"忧劳可以兴国，逸豫可以亡身"；设问式标题通过设问来提示演讲的内容，用演讲来回答标题的提问，如"人生的价值何在？"；抒情式标题具有强烈的感情色彩，可以达到以情动人的效果，如"真情，让我一生守候"。

2. 称谓

称谓要顶格写，后面加上冒号，具体使用什么样的称谓，要根据听众类型和演讲内容来定。常见的称谓有"同学们""同志们""朋友们""各位领导""各位来宾"等。有的演讲稿也可不写称谓。

3. 正文

正文由开头语、主体和结束语三部分组成。

开头语的目的是吸引听众、引出下文。常见的开头语有这几种形式：由交代演讲背景、表达问候与感谢开始；由概括演讲内容或揭示中心论点开始；从演讲题目说起；由交代演讲的原因引出正题；从其他的事情切入正题；由提出一个或多个问题开始。

主体是演讲稿的核心内容。按表达方式划分，演讲稿通常有三种类型：一是记叙性演讲稿，以对人物事件的叙述和对生活画面的描述行文；二是议论性演讲稿，以典型事例和理论为论据，用逻辑方式行文，用观点说服听众；三是抒情性演讲稿，用热烈的抒情性语言表明观点，寓情于事、寓情于理、寓情于物，以情感人，说服听众。

结束语对于演讲精彩、成功与否非常关键。常见的结束语有这几种形式：总结全文，深化主题；提出希望，鼓舞人心；表示决心，激情宣誓；呼应题目，完整文意；等等。总的来说，结束语没有固定的格式。所以在写结束语时，要通篇考虑，同时也要考虑听众、演讲背景等因素。最后，要表达对听众的感谢。

9.2　写作技巧

因为演讲稿要具有一定的鼓动性和感染力，所以演讲稿的写法与一般文书的写法略有不同。具体来说，要想撰写一篇好的演讲稿，必须注意以下几个要点：

1. 开头语要吸引人

演讲稿的开头语也叫开场白，它在演讲稿中处于显要的地位。好的演讲稿，一开头就应该用最简洁的语言把听众的注意力吸引过来，只有这样才能达到出奇制胜的效果。

2. 主体要思路清晰，层层深入

主体是演讲稿的主要部分。要想写好演讲稿的主体，需要注意三个要点：

（1）要思路清晰。演讲者如果能用数字序号来梳理演讲内容，则会给听众思路清晰的印象，如以"第一""第二""第三"开头提出三个问题等。

（2）要有节奏。节奏是指演讲内容在结构安排上表现出张弛起伏的特征。节奏变化会使听众不至于太疲劳，如在演讲中适当地插入笑话、诗句、逸事等，使演讲内容不单一，以便听众的注意力能够长时间地保持高度集中。据研究，如果演讲内容一成不变，那么成年听众的注意力只能保持三分钟。

（3）要衔接恰当。衔接，即将演讲中不同层次的内容串联起来，使其成为一个相互关联的整体。有时出于节奏的需要，演讲稿的结构会显得比较乱。这时，通过衔接可以使演讲稿的结构变得紧凑，同时也能体现出演讲内容的层次性，从而使演讲稿富于整体感，这有助于演讲主题深入人心。

3. 结束语要铿锵有力，引人深思

言简意赅的结束语能够震撼听众，促使听众不断地思考和回味。

9.3 范文模板

最好的自己

各位领导、同学们：

大家好！

记得有人这样说过：如果你不能成为参天大树，那就做一棵小草；如果你不能成为太阳，那就做一颗星星。决定成败的不是尺寸的大小，而是能否做最好的自己。我没有如花的容貌，没有洒脱的风姿，没有蓬勃的活力，没有善辩的口才。我如水般纤弱温柔，如白莲般纯洁质朴。我羡慕魏书生、孙双金……读了他们生动的经验介绍，看了他们精彩的课堂实录，我成了窦桂梅等名师的铁杆粉丝。成为像他们一样的名师的愿望在我心底深深扎根。榜样的力量鼓舞着我，让我志存高远；"做最好的自己"警醒着我，让我实现目标。就这样，我在平凡的岗位上有滋有味地耕耘着，快乐地跋涉着、奋进着……

多年的从教经历告诉我，站在三尺讲坛上的教师扮演着导演和演员的双重角色。她的一举步、一伸腰、一掠鬓、一转眼，都是无声之言；她微扬衣袂时的眼神，轻舞裙幅时的笑容，都是无言之教。我的衣着虽不名贵，但总是得体端庄；发式虽不时髦，但大方朴素。要做最好的自己，在塑造外

在形象时，要选择最适合自己的。所以，我制订了合理的计划，尽量安排好工作和生活，挤出时间多参加体育锻炼，积极参加学校组织的舞蹈活动。坚持锻炼，健康会与我相伴，优雅的举止会为我增添魅力，活力将不再成为我的奢望。随着课程改革的不断深入，教学的压力越来越重。知识的日益更新、学生获得信息途径的多样化……这一切都是教师面临的挑战。只有博学多才、知晓古今中外的"百科全书"式的老师，才能游刃有余地驾驭课堂；只有勤学善钻、教学理论丰厚、勇于实践和探索的"弄潮儿"式的老师，才能赢得学生的尊敬。所以，为了做最好的自己，我树立了终身学习的观念，努力将"读书好，读好书，好读书"落实到行动中，用自己良好的品质感染和熏陶学生，认真学习各类教育教学知识，将最新的课程改革理论内化，为我所用，结合本班学生的实际情况大胆尝试改革，用随笔的形式及时记录教学过程中的感悟、体会。我相信，不懈的努力一定能使我尝到成功的喜悦。

教学管理能力不足是我的缺点。面对不按时完成作业的学生，我总是埋怨说："城乡的孩子差别就是大。"面对上课恶意捣乱的学生，我总是郁闷地唠叨："教学管理怎一个难字了得。""做最好的自己"让我认识到：没有教不好的学生，只有不会教的老师。所以，我要向有管理经验的老师学习，走进学生的内心，从心理上和学生平等。蹲下来看学生，不鄙视、讽刺、挖苦后进生，不破坏学生不切实际的想象力，用欣赏的眼光去寻找和发现学生的优点，热情鼓励学生的探索精神。

教育教学无小事，事事皆需认真做。高度的责任感和一丝不苟的工作态度是合格教师的必备素质。为了做最好的自己，无论什么时候，不管是哪一位领导交给的任务，也不管是与谁合作，我都将认真地、用心地去做。工作中的每一件事，即使很渺小、微不足道，我也要尽自己的努力做到问心无愧。

为了做最好的自己，我还学会了放弃。在人生的旅途中，如果背负着金钱、名誉、地位一路前行，你将步履维艰，感到自己活得很累。过多的私心、贪心怎能不使你落在队伍的后面呢？放弃也是一种美丽。为了做最好的自己，我选择放弃虚荣、放弃利己、放弃贪欲……用淡泊豁达的心去面对生活。

弹指一挥间，十几年的教学生涯转眼逝去，成为名师的愿望依然是愿望，而我依然是我。反躬自问后，我没有失落和自卑，我清楚地认识到：人各有不同，与芸芸众生相比，我也许不可能事事都做到第一。但我能做最好的自己，能在平凡的岗位不断地战胜自己。

做最好的自己，让自己成为自己的竞争对手，让自己的今天超越昨天，让自己的明天超越今天。如果把"做最好的自己"当作人生的目标，那么你的每一天都会生活得很充实、精彩。

第10章 广播稿

我们知道,广播是通过无线电波或导线传送声音的新闻传播工具。通过无线电波传送节目的称无线广播,通过导线传送节目的称有线广播。

广播稿就是供广播电台、广播站播发的稿子,属于新闻稿的一种。其内容具备一些新闻的特性,除了具备新闻的六要素,还具备如下几个明显的特点:

一、真实性。真实是新闻的生命。广播稿力求内容真实,稿件中的人物、时间、地点、数字等要准确无误,不可以主观臆断或引用不可靠的消息。

二、篇幅短。篇幅短,即要求表达要简明扼要,不能拖泥带水。当然,简明扼要不代表没有内容。首先,主题要单一,一篇广播稿只能讲一个主题;其次,在叙述清楚的基础上,要突出重点,并注意上下文的连贯;最后,表达的语句要简短,尽量不使用长句。

三、内容新。广播稿的内容要新,最好写最近发生的事情。另外,观点、角度也要新颖,这样会加深听众的印象。

四、口语化。广播稿的语言要尽量口语化,做到"上口""入耳"。所谓"上口",就是念起来顺嘴,流畅自然;所谓"入耳",就是听起来顺耳,一听就懂。

广播稿的内容没有过多的限制,可叙述,也可评论;可播新闻报道,也可播启事通知。与在报纸上刊出、在杂志上登载的文章相比,广播稿的一个主要特点是需要朗读,正是这一特点决定了广播稿的写作要求:要使广播稿读起来朗朗上口、声声入耳。

10.1　写作格式

因为广播与新闻有一定的关联性,所以广播稿的构成要素与写作格式相对比较固定。写广播稿可以套用既有的新闻写作格式或框架,清晰地体现新闻的六要素。

广播稿一般由标题、称谓、开场白、主体、结尾五部分组成。

1. 标题

广播稿的标题不一定非要有文采,但应尽量反映整篇广播稿的主题,能引起听众的兴趣。有的广播稿也可不写标题。

2. 称谓

称谓是指对听众的称呼,如"亲爱的市民朋友们""同学们"等。

3. 开场白

开场白,也就是广播稿的开头语,即开场时引入主题的道白。说开场白时要先跟听众打招呼,然后把主题介绍给听众,让听众明白播这篇广播稿的用意。

4. 主体

广播稿的主体承接开场白,或阐述开场白所揭示的主题,或回答在开场白中提出的问题,然后对材料事实进行具体的叙述与展开。主体部分的写作要注意几点:主题要突出,内容要充实,结构要严谨,层次要分明。

5. 结尾

结尾一般指广播稿的最后一句话或一段话,它依内容的需要,可有可无。如果需要写结尾,则在写作时应不落俗套。

10.2　写作技巧

要想撰写一篇好的广播稿,需要把握如下几个要点:

1. 语言要通俗

广播稿是要让听众听的,这就要求广播稿的语言应明白易懂、口语化。

（1）多用短句，尽量不用或少用长句。

（2）少用方言、土语，尽量不用人们不熟悉的简化词或简称。

（3）少用单音词、书面语言和文言词汇。要把单音词改成双音词，把书面语言改成口头语言，把文言词汇改成白话。另外，对音同字不同的词也要进行替换。

（4）不宜用小括号、破折号、省略号，因为其中的内容不便读出来；也不宜用表示否定含义的引号，可改用"所谓的"。

2. 要注意语气

写广播稿时不要以教育者自居，使用说教的语气，因为这样的语气容易引起听众的反感。广播稿的语言要亲切、中听，多用谈心、商量的语气，少用命令的语气。在一般情况下，也应尽量少用第一人称。

3. 结构要简洁清晰

广播稿由于受到时间的限制，因此更要注意结构的设置。

（1）突出句子的主干，不滥用不必要的附加成分。

（2）用词应准确、贴切，不说空话、套话。

（3）不用倒装句，不用倒叙和插叙。广播稿一般按事物的发展顺序叙事，因为这样符合听众收听广播的思路和习惯。

4. 内容要生动活泼

广播稿要想吸引人，其内容就一定要新鲜，因此，在写作技巧上要注意以下几点：

（1）采用多种写作技巧，避免内容单调乏味，且不要在一篇广播稿中重复使用某句话或某些词。

（2）句式要富于变化，要适当运用设问、排比、对偶等修辞手法，使文章富有文采；要适当运用主动句、被动句、肯定句、否定句等句式，使文章富有感染力。

（3）多讲具体的事例，少发抽象的议论，这样更能吸引听众的注意力。

10.3 范文模板

范文模板一:

亲爱的市民朋友们:

卫生是健康的保障,环境整洁是城市文明的标志。创造卫生、整洁的生活环境,营造文明、和谐的社会秩序,是我们每一个市民的共同心愿和迫切要求。

为了深入贯彻××区委创建卫生城市的总体要求,我们××××街道号召全体市民积极行动起来,以主人翁的姿态投身到卫生城市创建活动中去。为此,我们诚恳地希望大家把以下的行为变成自己的生活习惯。

1. 把垃圾装袋投进垃圾箱,不随意乱扔在地上;
2. 把自家物品清理整齐,不胡乱堆放,侵占公共场地;
3. 将车辆有序停放,不妨碍他人出行;
4. 及时清扫门前屋后,保持家居环境清洁干净;
5. 爱护花草树木,不在上面悬挂、晾晒衣物被褥;
6. 不私养家禽、牲畜、猫狗,因为这既污染环境,又易对他人造成伤害。

只有人人讲卫生、人人讲文明,我们的生活才会更健康、更美好;只有从自身做起、从身边做起,文明才会离我们越来越近。

我们的言传身教直接影响我们的下一代,为了现在健康、美好的生活,为了未来的希望,让我们互相监督,共同努力!

范文模板二:

同学们:

大家好!我是×××。

我们撇下无知,迎来了属于我们的青春。青春,让我们肆无忌惮,畅然释怀，体味风一样的自由，感受云一般的自在，因为青春赋予我们的是生命的巅峰，我们无须成熟，我们不再无知，我们唯有执着。

人生是对理想的追求，理想是人生的指示灯，若失去了指示灯，我们就会失去生活的勇气。因此，只有坚持远大的人生理想，我们才不会迷失方向。托尔斯泰将人生的理想分成一辈子的理想，一个阶段的理想，一年的理想，一个月的理想，甚至一天、一小时、一分钟的理想。同学们，你们是否想到了自己的理想？

人生的花季是生命的春天，它虽美丽，却很短暂。作为大学生，我们就应该在这一时期努力学习，奋发向上，找到一片属于自己的天空。青年是祖国的希望、民族的未来，每个人都主宰着自己的明天。

有位诗人曾说过：梦里走了许多路，醒来还是在床上。它形象地告诉我们一个道理：人不能躺在梦幻式的理想中生活。是的，人虽然要有理想、要大胆幻想，但更要努力去做。如果只在理想中躺着等待新的开始，那么不仅什么都等不到，甚至连已经拥有的也会失去。同学们，你们是否也正在梦幻式的理想中彷徨呢？

前人说得好，有志之人立长志，无志之人常立志。那些无志之人的志，就是美梦，就是所谓的理想，它们即使再美好、再完善，也不过是空中楼阁、海市蜃楼罢了。同学们，你们是立长志之人，还是常立志之人呢？

最后，我想用梁启超的话来结束今天的演讲：少年智则国智，少年富则国富；少年强则国强，少年独立则国独立；少年自由则国自由，少年进步则国进步；少年胜于欧洲则国胜于欧洲，少年雄于地球则国雄于地球。让我们洒一路汗水，饮一路风尘，嚼一路艰辛，让青春在红旗下继续燃烧。愿每一位青年都怀抱着自己的理想，在人生的航道上不断乘风破浪，奋勇前进！

今天的节目就要结束了，感谢您的收听。下期，我们不见不散！

第 11 章 板报

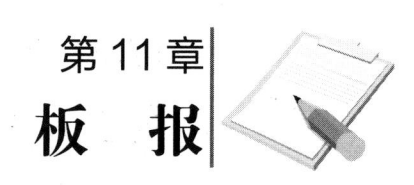

什么是板报？

板报是党政机关、群众团体、学校等将国内外大事、本地消息编写成短小精悍的新闻并摘抄在黑板上或张贴在墙壁上的一种宣传形式。

板报大多为基层单位所办，由于它的阅读范围相对固定且有一定的限制，板报具有以下三个特点：

一、宣传性。板报往往根据本单位的实际问题、群众的实际需求进行有针对性的宣传教育。

二、可读性。板报通常短小精悍，每篇不超过200字，长的也不超过500字。由于板报的内容都是经过精选的，所以它具有很强的可读性，往往能激发人们的阅读兴趣。

三、真实性。板报的内容大多是反映人们关心的或对人们有益的事物，其针对性、实用性较强。板报的这一特点要求其内容要真实，要完全用事实讲话，语言应准确、鲜明、生动。不管是表扬好人好事，还是批评不良现象，都要言之有据。如果板报的内容不真实，就会造成不良的后果。

11.1 写作格式

板报一般由标题、正文、图表三部分组成。

1. 标题

板报要有一个明确的主题，即板报的标题。另外，在安排板报内容时，编写者也可以根据板报的结构，为其拟定一些吸引人的小标题。

2. 正文

正文可以是一些与本单位相关的通知或对某项活动的宣传，也可以是对政策法规的解读等。

3. 图表

板报通常图文并茂，版式灵活多样、不拘一格。图表可以展示一些信息或表达某种变化、结果。板报应尽可能使用简单明了的语句，书写字迹端正、清晰、整齐，无错别字。

11.2 写作技巧

如何才能编写出好的板报呢？关键要从以下几个方面入手：

1. 标题要有特色

好的标题能第一时间吸引读者的注意，并引起一些悬念。所以，板报的标题一定要新颖，要能抓住当下的热点或突出人们关注的问题。

2. 内容要通俗

内容要通俗易懂、生动具体。编写板报的目的是宣传，所以写的文章要有血有肉、有头有尾、重点突出，让人一看就懂。要多选与本单位有关的议题，从大处着眼、小处着笔，多写那些具有普通意义的、能说明问题的内容。

3. 篇幅要短小

由于板报的版面有限，且读者一般站着看，所以板报的篇幅不能长。若篇幅太长，则不仅黑板上登不完，人们站着看也会累，一累便不看了，这样一来，板报也就失去了宣传作用。所以，板报要简短、活泼，只有这样才能吸引读者。

4. 观点要严肃

在编写板报时要注意宣传内容的严肃性，避免出现庸俗、不健康、不郑重的词语以及非法的、不符合当下社会道德规范的内容。

11.3　范文模板

世界环境日

什么是低碳生活？

所谓"低碳生活"，就是指要尽量减少生活中所耗用的能量，从而减少二氧化碳的排放量。低碳生活对于我们普通人来说是一种态度，我们应该积极提倡并去践行低碳生活，注意节电、节水、节油、节气，从点滴做起。践行低碳生活有很多种方式，除了植树，有人买运输里程较短的商品，有人坚持爬楼梯……有的很有趣，有的不免有些麻烦。总之，关心全球气候变暖的人们把减少二氧化碳排放量的行动实实在在地带入了自己的生活。

（该部分内容配有五幅图，分别是关于节电、节水、节油、节气及绿色出行的）

怎样养成良好的低碳生活习惯？

1. 每天的淘米水可以用来洗手、擦家具，既干净卫生，又自然滋润。

2. 将旧报纸铺垫在衣橱的最底层，这样做不仅可以吸潮，还能去除衣柜中的异味。

3. 用过的面膜纸不要扔掉，可以用它来擦家具、首饰或皮带，不仅擦得干净，还能留下面膜纸的香味。

4. 将喝过的茶叶渣晒干，做一个茶叶枕头，不仅使用起来舒适，还有助于改善睡眠。

5. 在出门购物时，自己带环保袋，无论是免费的还是收费的塑料袋，都应减少使用。

6. 出门自带喝水杯，尽量不使用一次性杯子。

7. 多用永久性的筷子、饭盒，尽量避免使用一次性餐具。

8. 养成随手关闭电器电源的习惯，不要浪费电。

第12章 发刊词

发刊词是指刊物创刊号上用来说明本刊的宗旨、性质等的文章。它是编者在读者面前的首次亮相，也是编辑部创办该报刊的"宣言"，因而有助于增加读者对报刊的了解，进而帮助报刊迅速扩大影响力。发刊词有时也称"见面的话""开篇絮语""致读者"等。

不同的发刊词特点各异，总结起来，主要有以下几种风格：

（1）文风自由

（2）明白晓畅

（3）含蓄深沉

（4）激情磅礴

（5）舒缓婉转

发刊词究竟采用什么样的风格，取决于报刊的性质及特定的时代氛围，也和编者的审美情趣、气质有关。

12.1 写作格式

发刊词的基本内容包括：

（1）介绍本刊（报）的性质

（2）阐述办刊（报）的宗旨

（3）明确读者对象

（4）宣布办刊（报）的方针

（5）提出关于稿件方面的要求和对作者、读者的希望大多数发刊词都是按照上述顺序来撰写内容的。

12.2　写作技巧

如果展开来写，发刊词可写的内容有很多，如介绍本刊（报）的性质、阐述办刊（报）的宗旨、宣布办刊（报）的方针等，但就某一特定的报刊来说，不必面面俱到，而应有所侧重，突出特点。

报刊的个性首先要在发刊词上体现出来，所以发刊词的写法要因刊而异。为了取得良好的宣传效果，发刊词除了应旗帜鲜明、富有个性，还应注意态度的诚恳，要让读者感到亲切。

12.3　范文模板

《青年说》专版发刊词

大地晨曦，恰当时世。2020岁首，《青年说》专版创刊了。

亲爱的年轻人，这是我们第一次见面，就在光明日报这张有70年历史的报纸，就在21世纪第3个十年的开端，就在你我站立的这片土地，你我热爱的中国。

没有什么比青春更动人。因为中国青年，中华民族成为"自信人生二百年，会当水击三千里"的民族，中国成为自古英雄出少年之国度。从一个世纪前的新文化运动、五四运动起，中国青年无数次证明和展示了自身力量，为国家增光，为人民奋斗，为世界带来新希望。

光明日报记录了太多有为青年的奋斗人生，留下了无数报国赤子的青春足迹。70年里，我们陪伴青年知识分子迎来新中国初升的太阳，在攻关科技难题的道路上披荆斩棘，在恢复高考的曙光里意气风发，在改革开放的大潮中壮志凌云。今天，在全面建成小康社会、加快建设社会主义现代化国家、实现中华民族伟大复兴中国梦的奋斗之路上，我们仍继续陪伴。

《青年说》将持续关注这个时代的你们，关注"80后""90后""00后"及未来陆续登上青年舞台的人；记录你们的重要时刻，触摸你们的真实脉搏，探讨你们关心的问题、现实的困难，镌刻你们美丽动人、朝气蓬勃的奋进身姿。

　　在这里，政策将化为生动的语言，资讯将融入身边的故事，与你们一起投入毕业求职、创新创业的拉力赛，解答社会融入、婚恋交友的方程式，起草老人赡养、子女教育的任务单。

　　在这里，很多专栏将完全属于你们，让你们讲述自己、展示自己，让你们当中的成功者为身处困难的同龄人开良方、破谜团，一同紧握"最初的梦想"、挥动"隐形的翅膀"、挥洒"怒放的生命"。

　　在这里，我们将打通最新的媒体渠道，连接最潮的互动平台，在媒体融合的道路上续写一张老报纸与新青年的缘分，与你们一道分享青春的美好与荣耀，分担成长的苦涩与烦恼，品尝奋斗的艰辛与幸福；与你们一道穿行在新时代的阳光里，奔跑在这平凡却终将不平凡的人生之路上。

　　莫迟疑！莫怠惰！莫辜负！

　　我们已经准备好。

（本文引自2020年01月05日《光明日报》）

第13章 序和跋

多数人读书都有先读序和跋的习惯。序和跋不但可以使读者很省时地了解书的概貌，而且好的序和跋易令人产生急欲阅读的兴趣。序，又称叙、序文、序言、引、引言、导言等，有的"前言""写在前面"也等同序，它多写在著作或诗文的前面。跋，或作"后序"，有的"后记""编后"也等同跋，它多写在著作或诗文的后面。序和跋都是对著作或诗文进行说明的文字。

最初的著作或诗文只有序。自从序被固定在著作或诗文的前面以后，如果作者还有要说的话，或者别人要把心得、意见、考证等内容写上去，就写在著作或诗文之后，称为后序，到了宋代，人们将这种文章称为跋。

序和跋虽然是一回事，但在语言表达上却略有不同。跋实际是对序的补充，所以一般更为简洁，不像序那样详细。一篇好的序或跋，通常都是高度概括该书所得出的结论，并指出为得出这一结论所使用的方法，告诉读者阅读的重点和应使用的阅读方法。

序和跋的不同之处表现为：

一、位置不同。序是放在著作正文之前的文章；跋是文体的一种，写在书籍、文章或书画作品的后面。

二、内容不同。序多用来说明原作的内容、写作缘由、写作经过、旨趣和特点，其内容多介绍和评论原作的思想内容和艺术特色；跋的内容大多属于评介、鉴定、考释之类。

三、语言表述不同。跋实际上是对序的补充，所以一般语言更为简洁，不如序的语言详细。

13.1 写作格式

序和跋有的是由作者来写的，有的是由他人来写的。

序又分为自序、他序、代序。自序的内容主要包括交代写作的宗旨、书名的来历、成书的经过，概述该书的主要特色，介绍该书的体例、结构，指出其重点、难点，提出自己的学术主张、见解等。他序还常常介绍作者的生平、逸事、籍贯、家世、职务、思想、性格等，客观地评价著作的特点及影响，或从版本方面考查其文献价值，或从思想艺术方面论述其学术价值等。代序多以一篇文章代替序言，此文章必须与著作有一定的联系，不能毫不相干。

跋的内容与序的内容大致相同，虽然序和跋在介绍内容时可采用不同的角度，但都力求能够提纲挈领地说出个人的看法。

在形式上，序和跋往往夹叙夹议、形式多样，有的侧重于叙述，有的侧重于议论，还有的侧重于说明、解释。

13.2 写作技巧

为了使序和跋能够吸引读者，在撰写序和跋时，写作者要掌握以下几个写作技巧。

1. 突出重点

写序和跋不宜平均使用笔墨，而应突出重点。对序和跋所包括的内容不应泛泛而论，也不应漫无边际地借题发挥，而应因人、因书而异，突出各自的特点。

2. 善于选裁

即截取最生动具体、真实确凿的典型材料叙事写人、论理说释，给读者留下深刻的印象。

3. 语言生动

序和跋的语言要生动活泼、富于文采。由于序和跋的篇幅短小，因此更应在遣词造句方面下功夫。许多序和跋中精妙的语言及新颖、形象的比喻手法等都会使读者再三咀嚼、回味无穷。

4. 客观公正

为别人作序应不溢美、不苛求，围绕作品、作者进行恰当公允的介绍、评价；为自己作序应实事求是、公正严谨，不矫饰自夸。

13.3 范文模板

范文模板一：

序

几年前我流着眼泪读完托尔斯泰的小说《复活》，曾经在扉页上写了一句话："生活本身就是一个悲剧。"

事实并不是这样。生活并不是悲剧。它是一场"搏斗"。我们生活来做什么？或者说我们为什么要有这生命？罗曼·罗兰的回答是"为的是来征服它"。我认为他说得不错。

我有了生命以来，在这个世界上虽然仅仅经历了二十几个寒暑，但是这短短的时期也并不是白白度过的。这其间我也曾看见了不少的东西，知道了不少的事情。我的周围是无边的黑暗，但是我并不孤独，并不绝望。我无论在什么地方总看见那一股生活的激流在动荡，在创造它自己的道路，通过乱山碎石中间。

这激流永远动荡着，并不曾有一个时候停止过，而且它也不能够停止；没有什么东西可以阻止它。在它的途中，它也曾发射出种种的水花，这里面有爱，有恨，有欢乐，也有痛苦。这一切造成了奔腾的一股激流，具着排山之势，向着唯一的海流去。这唯一的海是什么，而且什么时候它才可以流到这海里，就没有人能够确定地知道了。

我跟所有其余的人一样，生活在这世界上，是为着来征服生活。我也曾参加在这个"搏斗"里面。我有我的爱，有我的恨，有我的欢乐，也有我的痛苦。但是我并没有失去我的信仰：对于生活的信仰。我的生活还不会结束，我也不知道在前面还有什么东西等着我。然而我对于将来却也有一点概念。因为过去并不是一个沉默的哑子，它会告诉我们一些事情。

在这里我所要展开给读者看的乃是过去十多年生活的一幅图画。自然这里只有生活的一小部分，但已经可以看见那一股由爱与恨、欢乐与受苦所组织成的生活的激流是如何地在动荡了。我不是一个说教者，我不能够明确地指出一条路来，但是读者自己可以在里面去找它。

有人说过，路本没有，因为走的人多了，便成了一条路。又有人说路是有的，正因为有了路才有许多人走。谁是谁非，我不想判断。我还年轻，我还要活下去，我还要征服生活。我知道生活的激流是不会停止的，且看它把我载到什么地方去！

巴金

1931年4月

范文模板二：

跋

《家》是我的第一部长篇小说（在《家》之前发表的《灭亡》只是一个中篇）。它是在一九三一年作为《激流三部曲》之一写成的。所以最初发表的时候用了《激流》的名字。我写这本小说花去的时间并不多。然而要是没有我最初十九年的生活，我也写不出这样的作品。我很早就说过，我不是为了要做作家才写小说，是过去的生活逼着我拿起笔来。《家》里面不一定就有我自己，可是书中那些人物却都是我所爱过的和我所恨过的。许多场面都是我亲眼见过或者亲身经历过的。我写《家》的时候我仿佛在跟一些人一块儿受苦，跟一些人一块儿在魔爪下面挣扎。我陪着那些可爱的年轻的生命欢笑，也陪着他们哀哭。我知道我是在挖开我的回忆的坟墓。那些惨痛的回忆到现在还是异常鲜明。在我还是一个孩子的时候，我就常常被逼着目睹一些可爱的年轻生命横遭摧残，以至于得到悲惨的结局。那个时候我的心因为爱怜而痛苦，但同时它又充满恶毒的诅咒。我有过觉慧在梅的灵前所起的那种感情。

  我甚至说过觉慧在他哥哥面前所说的话："让他们来做一次牺牲品吧。"一直到我写了《家》，我的"积愤"，我对于一个不合理制度的"积愤"才有机会吐露出来。所以我在一九三七年写的一篇"代序"里大胆地说："我要向一个垂死的制度叫出我的'我控诉'。"

  《家》就是在这种心情下面写成的。现在，在二十二年以后，在我所攻击的不合理的制度已经消灭了的今天，我重读这本小说，我还是激动得厉害。这可以说明：书里面我个人的爱憎实在太深了。像这样的作品当然有许多的缺点：不论在当时看，在今天看，缺点都是很多的。不过今天看起来缺点更多而且更明显罢了。它跟我的其他的作品一样，缺少冷静的思考和周密的构思。我写《家》的时候，我说过："我不是一个说教者，所以我不能够明确地指出一条路来，但是读者自己可以在里面去找它。"事实上我本可以更明确地给年轻的读者指出一条路，我也有责任这样做。然而我当时还年轻，幼稚，而且我太重视个人的爱憎了。

  这次人民文学出版社重印《家》的时候，我本想重写这本小说。可是我终于放弃了这个企图。我没法掩饰二十二年前自己的缺点。而且我还想用我以后的精力来写新的东西。

  《家》已经尽了它的历史的任务了。我索性保留着它的本来的面目。然而我还是把它修改了一遍，不过我改的只是那些用字不妥当的地方，同时我也删去一些累赘的字句。

  《家》自然不是成功的作品。但是我请求今天的读者宽容地对待这本二十七岁的年轻人写的小说。我自己很喜欢它，因为它至少告诉我一件事情：青春是美丽的东西。

  我始终记住：青春是美丽的东西。而且这一直是我的鼓舞的泉源。

巴金
1953年3月4日

第四篇

广告类传播文书

　　广告类传播文书是各类企业或个人为了树立企业形象、进行产品促销和推广而使用的文书。这类文书主要包括广告文案和产品说明书。

　　广告是传播信息的一种方式，其目的在于推销商品与劳务服务、取得政治支持、推进一种事业的发展或引起广告发布者所希望的其他反应。广告的发布离不开广告文案。广告文案的种类有很多，按发布广告的媒体类型可分为报纸广告文案、杂志广告文案、广播广告文案、电视广告文案、户外广告文案、网络广告文案等。产品说明书是对产品进行相对详细的介绍的文书，它可以使人认识、了解所介绍产品的基本情况。

第14章 报纸广告文案

报纸广告是指刊登在报纸上的广告。

它具有以下优点与缺点：

1. 优点

一、覆盖面广，传播迅速。除了一些专业性很强的报纸，一般公开发行的报纸都可以不同程度地渗透到社会的各个领域。报纸大多在当日发行，且发行频率高，读者通常可以阅读到当天的报纸，因此报纸适合刊登那些对时效性要求比较高的产品的广告。

二、读者众多，存留时间长。报纸能满足各阶层受众的共同需要，因此，它拥有极广泛的读者群。另外，报纸媒体不同于电视和广播媒体，其读者不受时间限制，可随时查找所需要的信息资料，重复阅读感兴趣的内容。

2. 缺点

一、有效期较短。报纸的发行频率高，每天一份。绝大多数的受众只读当天的报纸，很少有人读隔日的报纸，因此报纸的有效期较短。

二、广告注目率低。通常报纸广告不会占据最优版面，读者在阅读报纸时往往倾向于关注新闻报道和自己感兴趣的栏目。如果无预定目标，或者广告本身表现形式不佳，那么读者往往不会关注其中的广告，即便看到了广告，也不会留下多少印象。

14.1 写作格式

按类型分，报纸广告可分为报花广告、报眼广告、半通栏广告、单通栏广告、双通栏广告、半版广告、整版广告、跨版广告等。

因所占版面大小的不同，不同类型报纸广告文案的写法也各有不同：

1. 报花广告文案

由于报花广告所占的版面很小且形式特殊，因此其文案只能突出重点，如企业名称、电话、地址及企业赞助之类的内容。报花广告文案一般采用陈述性的表述方式。

2. 报眼广告文案

报眼，即横排版报纸报头一侧的版面。其面积不大，但位置十分突出。在这个位置刊登的广告，显然比在其他位置刊登的广告更加吸引人，其权威性、时效性与可信度也更高。

由于报眼面积小，容不下很多图片，所以其广告文案中的文字占据了核心地位，具有举足轻重的作用，因此，撰写者应特别注意以下几个方面：

（1）要选择具有新闻性的信息内容，或在创意及表现手法方面赋予其新闻性。

（2）标题要醒目，最好采用新闻式、承诺式或实证式的标题类型。

（3）正文的写作可采用新闻形式和新闻写法，尽量采用理性诉求方式。

（4）广告文案的语言要显示出理性、科学、严谨的风格。

（5）广告文案要简短凝练，忌长篇大论，尽量少用感性诉求方式，尽量不使用散文体、故事体、诗歌体等假定性强的艺术形式，以免冲淡报眼位置自身所具有的说服力与可信度。

3. 半通栏广告文案

由于半通栏广告所占的版面较小，且众多广告排列在一起互相干扰，因此广告效果容易互相削弱。要想使半通栏广告从众多广告中脱颖而出，跳入受众视线，其文案写作就要注意以下几点：

（1）制作醒目的广告标题。标题字数要少，字体要大，内容要新颖别致、有冲击力，只有这样才能瞬间抓住受众的注意力。

（2）文案要短。文案的语言要高度凝练简洁、提纲挈领、突出重点。

（3）要注意文字与画面编排的有机结合，最好编排先行，以编排为主。

4．单通栏广告文案

单通栏广告是广告中最常见的一种版面，符合人们的正常视觉，因此这种版面自身便有一定的吸引力。从版面大小看，单通栏是半通栏的2倍，这种变化也应体现在广告文案的写作中：

（1）标题既可以采用短标题，也可以采用长标题；但为了能与画面编排相结合，最好用短标题而不用长标题。

（2）文案中可以有较为细致的广告信息介绍，但字数不可多于500字，以免造成版面拥挤，影响编排效果。

（3）文案的结构可以自由安排。

5．双通栏广告文案

双通栏广告的版面是单通栏广告的2倍，这给广告文案写作提供了较大的发挥空间。凡适用于报纸广告的结构类型、表现形式和语言风格都可以在这里运用，其文案写作应特别注意以下几点：

（1）可以进行详细的广告信息介绍。

（2）可以采用长标题。

（3）可以通过设置一些小标题来达到吸引受众阅读的目的。

（4）画面编排可以放在次要地位，说服和诱导受众的重任基本上靠广告文案来完成。

（5）如果广告产品处于成熟期，在采用感性诉求方式时，更应注重广告主体的品牌及其产品理念的体现。

6．半版广告文案

半版广告与整版广告、跨版广告均被称为大版面广告，是广告主雄厚经济实力的体现。半版广告文案写作具有很大的表现空间，应特别注意：

（1）运用画面表现"大音希声，大象无形"的美学原理，努力增强画面的视觉效果，充分利用受众的想象力。

（2）既可以采用感性诉求方式，也可以采用理性诉求方式。可以运用适用于报纸广告的各种表现形式和手段，辅助画面，营造气势，强化视觉冲击效果。

（3）采用大标题的形式突出重点，突出定位，以体现品牌形象的气势，提升其吸引力。

7. 整版广告文案

整版广告是我国单版广告中版面最大的一种广告类型，它给人以视野开阔、气势恢宏的感觉。

整版广告文案与画面的结合大体有两种形式：

（1）有文无图，或偶有插图，以文案为主。这种形式的文案常运用介绍性的文体对产品或企业做较为详细的、全方位的介绍。

（2）以图为主，辅之以文。这种形式主要采用感性诉求方式，其广告文案起到了点睛的作用。

实践证明，第二种形式的效果最佳。因此，这种形式的整版广告越来越多。

8. 跨版广告文案

跨版广告是刊登在两个或两个以上报纸版面上的广告。跨版广告很能体现企业强大的经济实力，是大企业乐于采用的广告类型。跨版广告文案除可以灵活运用各种表现形式外，还可利用两版分置特征形成左右版或前后版之间的互动。

14.2 写作技巧

报纸广告文案的语言风格要风趣幽默，不要使用枯燥乏味的语句。

广告文案的标题是读者阅读广告正文的指南，也是广告正文的缩影。标题的设置确定了广告的吸引点，因此，报纸广告文案要根据产品的特性和销售的本质设置标题。

报纸广告文案和图的比例应该适中，图所占的空间不能太小，否则会给人一种拥挤感。在广告中，可以以图为主，将文案作为注释放在图的下方；也可以以文案为主，并对辅助内容进行图案化。

报纸广告文案的长度可长可短。长文案有助于受众获得详细有效的产品信息。但是，如果文案的语言没有足够大的吸引力，那么长文案就会给受众带来负担并产生相反的效果。

14.3 范文模板

非常非常轻

强化最最重要的海报信息

Tyvek却拥有最轻的质感

Tyvek印制的招牌和布旗最能将创意发挥得淋漓尽致

Tyvek是杜邦公司研发的一种革命性材质,特别适合作为海报布旗和户外看板。它非常特殊,轻得难以想象,安装过程十分简易,而且坚韧、抗撕裂、防水且耐用持久。更棒的是,Tyvek的高科技加工处理还能帮助您展现质感高级与色彩鲜明的不凡印刷成果。

第15章
杂志广告文案

杂志是视觉媒体中比较重要的一种。杂志按内容可以分为综合性杂志、专业性杂志和生活杂志等；按出版周期可以分为周刊、半月刊、月刊、双月刊、季刊等；按发行范围又可以分为国际性杂志、全国性杂志、地区性杂志等。

杂志具有以下几个优点：

第一，杂志具有比报纸优越得多的可保存性，因而其有效时间长，没有阅读时间的限制。

第二，杂志的发行量大，发行面广。

第三，杂志的编辑精细，印刷精美。

第四，杂志可利用的篇幅多，没有限制，可供广告主选择。

第五，专业性杂志由于具有固定的读者群体，因此可以使广告宣传深入某一特定行业。

杂志广告文案的表现形式可以归纳为内页版式和特殊页面版式两种。因表现形式不同，文案的写作也有所不同。内页版式的广告一般都安排在杂志的全页中某个固定的页码或插页，如杂志的全页、半页、1/4页等。这种表现形式的广告应该充分考虑如何使自己从相邻的广告单元中脱颖而出，吸引读者的目光。像封面、封底、封二、封三、目录页等这些页面，一般都属于特殊页面，也可以称之为指定版面。封面和封底的广告，因其位置显著，能够吸引读者，效果也最好。

15.1　写作格式

首先，杂志广告文案不必拘泥于一些固定结构，可以考虑用最简练的语言来表现丰富的广告内涵；其次，文案部分应该简明扼要，将吸引读者的任务交给图片去完成；最后，文案的版面应该做适当的调整，配合图片，吸引读者的阅读兴趣。

15.2　写作技巧

1. 内页版式广告文案写作技巧

内页版式广告文案写作应注意以下两点：

第一，这类杂志广告文案应以醒目的大标题吸引读者注意，再以较为详细的文案满足读者求详求实、急于实践的心理，文案应少而精，以点睛之笔升华主题。诉求方式不限，以符合杂志的特点和杂志特定读者群体的文化素养为标准。

第二，图文结合，充分发挥图文并茂的视觉效果。以色彩鲜明、形象逼真的画面塑造品牌形象，以言简意赅的语言对画面信息做关键性的解释、提示或说明，并使其成为画面的重要组成部分。

对于各种较小版面的广告，要以引人注目的标题脱颖而出，此外，除品牌名称、企业形象标识及随文外，不要出现其他无关紧要的内容。

2. 特殊页面版式广告文案写作技巧

一般来说，封面广告基本以图片为主，强化视觉冲击力，文案最多只表现品牌名称或以简明的广告口号来突显品牌形象。封底广告的要求与封面广告大致相同，但是可以根据需要适当增加一定的说明文案，值得注意的是，说明文案应尽量通俗化。封二、封三、目录页的广告文案可以占据较多的位置，以多种表现手法来表达广告诉求。

3. 语言体现个性

杂志广告文案的语言要体现出广告的个性化特征，并与读者的个性心理吻合，使读者感到新鲜、独特、不俗，令读者耳目一新。如此，才能使读者乐于接受，并深受影响。

15.3 范文模板

"富士通C800i系列"广告

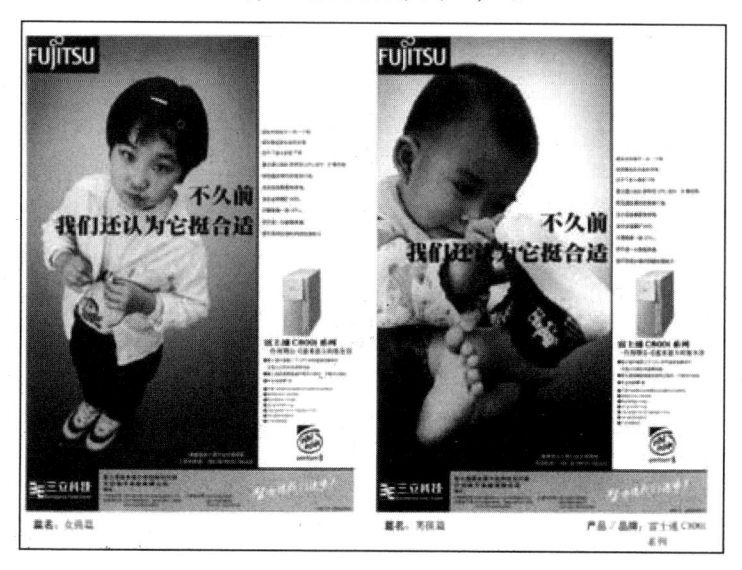

标题：

不久前我们还认为它挺合适

正文：

成长中的孩子一天一个样

现在看起来合身的衣裳

过不了多久就变了样

富士通C800i系列双CPU设计，扩展性强

给迅速发展的您度身定造

为日后发展留有余地

当企业规模扩大时

只需购置一块CPU

而不是一台服务器

便可获得足够的网络处理能力

随文：

富士通C800i系列

一台预期公司愈来愈大的服务器

第 16 章
广播广告文案

广播广告文案主要用于有线广播和无线广播，其共同特征是听觉传达，即受众通过声音的传递来接收信息。

广播广告具有以下几个特点：

一、受众广泛，覆盖面大。由于广播的播送、接收设备都很简单，收音机几乎每家都有，因此广播具有相当广泛的传播范围和相当大的覆盖面。另外，广播是通过对听觉功能的刺激来传递信息的，因此，各个文化层次的听众都能接收其信息传播。

二、传播灵活，便于接收。听众可以自由选择收听广播的地点。广播频道设计密度的增加为客户发布广播广告的时段提供了更多的选择。另外，由于广播携带方便，受众在接触不到其他媒体的环境中也能有效收听。与此同时，听众在听广播的时候并不影响其工作、生活、开（乘）车、外出旅游等，这在很大程度上适合现代人的快节奏生活。与其他媒体广告相比，广播广告的传播渠道更有利于受众接收信息。

三、制作成本低廉。广播广告的传播非常简单，只需要一次性建设发射塔并完善网络便可。目前，这些基础设施基本完备，无须再进行投资。所以，从制作成本来说，广播广告的成本十分低廉。

四、针对性强，见效快。广播发展的"窄播化"趋势促使广播按听众的类别来编排节目。虽然听众的类别有多种，但他们有很多共同点。所以客户商家可以根据宣传对象的不同，在相应的节目中播放相应的广告。另外，广播广告特定的互动性使广告宣传更具针对性与目的性，更容易实现预期效果。

16.1　写作格式

广播广告文案的表现形式多样，包括直陈式、对话式、故事式、戏曲式、快板式、相声式等。

直陈式，又称直接式，即首先将广播广告文案写好，直接由播音员在录音间播出广告。这是广播广告文案中最常见、最基本的表现形式。

对话式，即以两个或两个以上的人物相互交谈的方式将广告内容说出来。这种表现形式比较生动活泼，富于生活气息，再加上音乐和音响的烘托，能够制造特定的情绪和氛围。如此，对话者便成了其中的主角，进而比较容易吸引听众的注意力并激发其收听兴趣。

故事式，即通过精心构思有头有尾的小故事或情节片段来传播广告内容。这种表现形式的特点是故事生动有趣，能够引人入胜，通过娓娓动听的故事使听众接受广告内容并对产品产生好感，从而成为产品的消费者或潜在消费者。

戏曲式，即通过老百姓喜闻乐见的各种传统的戏曲类型（如京剧、评剧、黄梅戏、越剧、豫剧等）来传播广告信息。这种表现形式往往需要把广告文案写成戏曲剧本，编成符合曲调的唱词，加上道白，配上锣鼓等民族乐器，构成戏曲情节，最后通过演员的演播将广告内容表述出来。其特点是文艺性强，曲调多为听众所熟悉，且容易为听众所接受。

快板式，即以快板的艺术形式来传播广告信息。这种表现形式的广播广告文案需要将广告内容写成快板词，一般以七字句为基础，可根据需要增删，要押韵，间插说白。这种广告文案形式灵活，气氛热烈，听众可在娱乐中收听广告信息，从而消除对广告的抵触心理。

相声式，即以相声这种为广大群众所喜闻乐见的艺术形式来传播广告信息。相声以说、学、逗、唱为艺术手段，以风趣、诙谐、引人发笑为艺术特色，长于讽刺幽默，也善于歌颂新生事物。这种表现形式的广告文案需要写成相声小段，再请演员演播，使听众于笑声中收听广告信息。

16.2　写作技巧

广播不受空间限制，听众广泛；但受时间限制，转瞬即逝，因此内容多的广播广告文案不易被听众记住。根据广播的特征，广播广告文案应当简单、清晰、连贯、和谐、可信，同时也要把播音员的嗓音、节奏及配乐、音响等效果考虑进去。

音乐也是一种信息表达方式，包括乐曲、广告歌及音响。

乐曲的类型有：标题音乐，这种类型的乐曲专供配音，且音带上附有标题，在节目开始时播放；背景音乐，这种类型的乐曲也可用来配音，有较大的欣赏价值；主题音乐，它是贯穿整个广告的主旋律，可以专门制作，也可以选用已经存在的乐曲。

广告歌要易记、易懂，不拘形式，歌词一般只有三五句，有清新简练（常用熟悉曲调填写新歌词）、美妙动听（便于哼唱）的特点，且经常通过重复的方式突出主题。广告歌的作用是给人留下印象并使人联想到广告的中心内容，具有诱导性、大众性、感染性和接近性等特点。

音响包括自然声音、动物声音、物体声音、人活动的声音等，它可以传递广告信息，增强广告的表现力和感染力，创造声音环境，表达特定的思想感情。

广播广告文案通常采用口语化的语言，以与人交谈的谈话风格进行写作，特别注重语调和语气，更多地考虑听众的说话习惯及风格，贴近听众的生活。因此，撰写广播广告文案除了要遵循文案写作的一般规律，还要遵循广播的特殊规律，这就要求作者必须做到如下几点：

（1）语言亲切。广播广告文案在写作时必须有明确的对象，即明确自己在和什么样的听众对话，并用亲切的口吻、自然的语调来贴近听众，贴近消费者。为此，文案写作应力求做到生活化、口语化（少数地方也可用书面语言）。

由于广播广告的传播方式属于线性传播，听众无法回头思考、查询广告内容，因此广播广告文案必须让听众一听就懂。这就意味着作者在写作时应该避免内容空洞和抽象化、概念化，要善于运用口语化的语言进行表述。

（2）形象可感。广播广告文案要善于借助听觉形象使听众产生联想，使他们仿佛可以亲眼看到、亲手摸到产品，或者把他们带入特定的情景中，使他们产生身临其境的感觉。

（3）避免误听。由于听众在收听广播广告时不是通过字形，而是通过字音来判断内容的，而汉语中的同音字或近音字又相当多，所以在撰写广播广告文案时务必消除同音字或近音字所带来的歧义。

（4）适当重复。前文已提到广播广告的一个缺点就是声音转瞬即逝，因此，为了加深听众的印象，广播广告文案需要对关键词，如品牌名称、产品卖点和联系电话等进行适当的重复。

16.3 范文模板

范文模板一：

××××门业的广播广告文案

音乐：空灵、缥缈、清幽的曲子。

孙悟空：（恶作剧式地）嘿嘿，太上老君府！待俺老孙再去弄些金丹尝尝。

太上老君：（低声地）这猴子又来了，这回可有招儿对付他了。

孙悟空：哎哟，好结实的门啊！哼，看俺老孙的手段！我撞！（音效：撞门声）

孙悟空：我撬！（音效：撬门声）

孙悟空：我钻！（音效：钻门声）

孙悟空：（无奈地）哎哟！这是什么法宝啊？

太上老君：（得意地）哼哼，此乃老夫新装的××××防盗门是也。这下再也不怕你这泼猴了！哈哈哈哈！

（音响：笑声，渐渐消失。）

（旁白：××××守门，放心出门！）

范文模板二：

汽车行业15秒广播广告文案

买名车、玩名车、修名车，就到××××，××××10周年匠心汇聚，带给您与众不同的尊享体验，全球名车超值巨惠。××××名车玩家定制中心欢迎您。

范文模板三：

餐饮行业10秒广播广告文案

58，就是58！××××推出劲爆情侣套餐、亲子套餐、哥们套餐，配龙虾、家常菜、米饭、营养汤，只要58元！××街××××中心三楼。地图导航"××××"！

范文模板四：

××××鲜奶广播广告文案

男：（亲切/温和地）晚上，12点，（音效：钟表走动的声音）在××××农场，新一天的工作就已开始。（音效：晚上虫子的鸣叫声，奶牛的叫声）我们已严格挑选出最健康强壮的奶牛，挤出营养丰富的××××鲜奶（音效：晚上虫子的鸣叫声）。

范文模板五：

××××服饰专卖店广播广告文案

A：哇，××××服饰俱乐部又有新活动啦！
B：是啊，有青春之夜服装表演会及欢乐大抽奖哦！

A：××月××日前，凡在××××服饰专卖店一次性消费满200元的顾客都可以加入××××服饰俱乐部，并被邀请参加欢乐大抽奖活动！一等奖是一份价值5000元的奖品哦！

A、B：我们赶快去加入××××服饰俱乐部吧！

第17章 电视广告文案

电视广告是一种常见的广告形式，它主要通过电视传播，即将视觉和听觉形象综合在一起，充分运用各种艺术手法，直观、形象地传递产品信息。相较于平面广告，电视广告具有强大的表现力和感染力。

一般来说，电视广告具有以下五个特点：

一、覆盖面广，收视率高。虽然当今是新媒体时代，电视广告不再兴盛，但电视依然是主流媒体。在日常生活中，大多数人在看电视的时候还是比较专心的。所以，电视仍是一些大中型企业投放广告的主要平台。

二、有权威性，可信度高。相较于其他媒体广告，电视广告更具有权威性，可信度更高，因为电视广告一般会有更严格的审批标准。

三、吸引力大，感染力强。虽然电视这种媒体形式不再一家独大，但我们还是不能否认它的影响力。由于电视内容的丰富多彩和表现手法的多样性、艺术性，以及它可以巧妙地将广告信息与真挚的情节、感人的形象相融合，所以电视广告的信息比较容易记忆，也容易让人印象深刻。

四、形式多样，视听结合。电视广告的表现形式多种多样，目前，电视广告的表现形式有名人式、引证式、音乐舞蹈式、现场表现式、新闻式、故事式等。另外，它兼有报纸、广播的视听特色，具有声像兼备、视听并举的特点。

五、播放量大，费用昂贵。虽然电视广告受时间限制，但它可以多次播放。相较于其他广告，电视广告播出的费用比较昂贵。

电视广告文案是广告文案在电视广告中的特殊形式。由于电视广告文案在写作过程中除了运用一般的语言文字符号，还必须掌握影视语言，运用蒙太奇思维，按镜头顺序进行构思，这颇似电影文学剧本的写作，因而电视广告文案又被称为电视广告脚本。

电视广告文案是电视广告创意的文字表达，是体现广告主题、塑造广告形象、传播广告内容的语言文字说明，是广告创意的具体体现。

17.1 写作格式

由于电视媒体的特殊性，电视广告文案写作与其他种类广告文案写作相比，在表现形式、结构安排、广告创意等方面都有着不同的要求和特点。

一般而言，电视广告文案由六个主要部分构成，它们分别是制作要求、景别、画面说明、解说词、背景音响、时间。

制作要求是指对广告画面拍摄的运动方式、角度和制作方法的要求，如俯拍、仰拍、推进、拉远及摄像、三维电脑动画等，它是文案写作者根据创意需要，对电视画面表现提出的具体要求。

景别包括特写、近景、中景、全景和远景，是广告拍摄时对镜头组成的时间和空间等的具体要求。

画面说明是指在电视广告文案写作中，为了表现广告创意而用文字形式对电视画面所进行的解释和说明。它是文案创意的具体表现，要求用准确、精练的语言对画面的表现形式进行说明，其中包括对画面场景安排、情节设置、人物造型、人物表演、动画表现、气氛渲染等的说明。

解说词包括画外音和字幕两种形式。画外音是指在电视广告的播放过程中，随着画面内容的展开而进行的讲解，它可以增强观众对画面的理解，强化广告的表现效果。画外音不仅需要用简明扼要的语言强调画面中最主要的信息，还需要对观众的思维方式进行规定性的引导。字幕是指广告播出时在电视屏幕上出现的文字。字幕可以加深观众对有声语言及画面的印象，同时可以弥补有声语言的不足，避免因同音字造成误解。

背景音响是指在电视广告中，结合画面表现而运用的背景音乐。

时间是指对每个镜头所用时间的注解和说明。由于电视广告对播放时间有较高的要求，因此在构思、撰写电视广告文案时必须有明确的时间概念。

17.2　写作技巧

与平面广告不同，电视广告独具的蒙太奇思维和影视语言决定了电视广告文案写作既要遵循广告文案写作的一般规律，又要遵循电视广告文案写作的特殊规律。电视广告文案写作有以下几个技巧：

1. 认真构思广告形象

电视广告文案写作必须首先分析研究相关资料，明确广告定位，确定广告主题。之后在主题的统帅下构思广告形象，确定表现形式和表现方法。

2. 用镜头叙事

电视广告文案写作必须运用蒙太奇思维，用镜头叙事。语言要具有直观性、形象性，要容易转化为视觉形象。

3. 严格把控时间

电视广告是以秒为计算单位的，因此在叙述画面时要有时间概念。镜头不能太多，必须在有限的时间内传达出所要表现的内容。

4. 声音与画面要和谐

因为电视广告主要以视觉形象为主，所以电视广告文案写作必须做到一点，即声音与画面要和谐，也就是解说词与电视画面要一一对应。

5. 采用感性诉求方式

在撰写电视广告文案时，要采用感性诉求方式，积极调动观众的参与意识，引导观众产生正面的"连带效应"。因此，脚本一定要写得形象、活泼，真正做到以情感人、以情动人，产生较强的艺术感染力。

6. 认真斟酌广告语

除了上述几点，还要特别注意电视广告语的写法。在撰写电视广告语时，要注意以下几点：

（1）写好人物独白和对话

人物独白和对话的主要特征是"说"，所以语言要尽可能生活化、朴素自然，体现口语化特征。

（2）夹叙夹议地说理

对于旁白或画外音解说，可以是娓娓道来的叙说，也可以是逻辑严密的论说。

（3）字幕要与画面融合

以字幕形式出现的广告语要体现书面语言和文学语言的特征，并符合电视画面构图的美学原则，具备简洁、均衡、对仗、工整的特点。

17.3 范文模板

××××电信充值卡电视广告文案

镜头一：艳阳高照，一位男士踏着自行车（背景音乐：自行车的"吱吱"声和知了的鸣叫声）。

镜头特写：该男士大汗淋漓，一脸无奈，自行车车轮吃力地转动着。

行使方向：电信营业厅。

镜头二：路上一位老人突然遇见了自己的儿子（镜头一中骑自行车的男士）。

儿子："妈，您又要去哪啊？"

老人："交电话费啊！"

儿子："妈，这么远，您怎么又自己去交电话费？走，快回去，一会我替您去交！"

镜头三：（慢节奏背景音乐和火车车轮的声音）火车上，男士甲（骑自行车的男士）和男士乙坐在座位上。

男士甲突然抬头对男士乙说："这个月的电话费又忘交了，等回去再交一定来不及了。"

男士乙："像咱们这种总出差的交电话费还真麻烦！"

镜头四：以上三个镜头来回转换，同时响起旁白。

旁白：离不开电话，电话费就要按时交。您看，这可怎么办啊！如果能有个朋友代交就好了。

镜头五：××××电信充值卡的卡通形象跳出，唱着儿歌："敬个礼，握握手，我是你的好朋友。"

充值卡："我是××××电信充值卡——固定朋友，有了我，打电话就可以交电话费了，来，握握手吧！"

第18章
户外广告文案

　　户外广告是指商品经营者或服务提供者,为通过一定媒介直接或间接地介绍自己所经营的商品或所提供的服务,而在室外设置的商业广告。户外广告的共同特征是受众在流动状态下接收广告信息,因而户外广告又被称为"流动广告"。

　　户外广告主要有以下几种:

　　(1)射灯广告。将广告信息置于四周装有射灯或其他照明装备上的广告被称为射灯广告。其特点是美观,晚上照明效果极佳,能使受众清晰地看到广告信息。

　　(2)霓虹灯广告。它由弯曲成文字或图案的不同颜色的霓虹灯管制成。霓虹灯广告可以散发出缤纷的色彩,还可以通过配合电子控制的闪动效果来增加动感,它在夜间的视觉冲击力很强。

　　(3)单立柱广告。这种广告置于特设的支撑柱上,多设立于高速公路、主要交通干道等地,面向密集的车流和人流。

　　(4)灯箱广告。这种广告多出现在建筑物外墙、楼顶或裙楼等位置,白天是彩色广告牌,晚上亮灯则成为"内打灯"的灯箱广告。灯箱广告照明效果佳,但其维修却比射灯广告困难,且所用灯管易耗损。

　　(5)公交车体广告。公交车体广告的表现形式包括全车体彩绘及在车体两侧挂横幅等,其特点是接触面广,覆盖率高,可根据目标受众来选择路线或地区。

　　(6)场地广告。场地广告可说是电视时代的产物,主要设置于体育场馆内比赛场地的周围,以及大型集会活动场地。场地广告主要通过现场观众和电视转播两种途径传递信息。随着电视大型直播节目日益受关注,场地广告的效益已大大提高。

（7）充气物造型广告。充气物造型广告多用于产品的促销及宣传，可分为长期型和临时型，在展览场地、大型集会、公关活动、体育活动等户外场合均可使用。由于充气物较为庞大且设计独特，因此其对受众具有强烈的吸引力。

（8）墙面广告。它是在建筑物外墙上发布的户外广告，往往在墙面上张贴大型海报，主要用来宣传产品、推广企业形象。

（9）电子屏广告。它是户外广告中比较新颖的表现形式，常见于现代都市。电子屏广告往往通过电脑控制，将广告图文或电视广告片输入程序，使其重复多次地在画面上显示。电子屏广告能在较短的时间内展示多个不同厂家、不同品牌的商品，具有动感多变、新颖别致、可反复播放等特点，容易引起受众的极大兴趣。

18.1　写作格式

户外广告具有到达率高、视觉冲击力强、表现形式多样化、发布时间长、成本低等优点。伴随其优点的是覆盖面小、效果难以预测、信息量少等缺点，这就使得户外广告的设计要足够吸引人，要能在短时间内将信息传递给受众，并且加深受众的记忆。

户外广告文案不必拘泥于固定的格式，关键是如何用最少的语言和生动的形象吸引受众的注意力。一般来说，户外广告都包括广告语、画面这两部分。

1. 广告语

广告语是为了增强诉求对象对企业、产品或服务的印象而在广告中长期、反复使用的简短的口号性语句，它要基于长远的销售利益，向消费者传达一种长期不变的观念。

广告语应主题突出、信息明确，同时以简短精练、便于记忆为宜。

2. 画面

户外广告以图片为主，以文字为辅。图片是最重要的，因为它最具有吸引力。在构图方面，画面应简洁醒目。

在户外广告中，图片和文字是一体的，即文在图中，因此，应充分利用视觉中心的作用，增强画面的平衡感。

18.2　写作技巧

户外广告强调的是引人注目和重点突出，应尽可能地抓住人们的注意力，让行人在不知不觉中关注到广告的存在，进而浏览广告内容。

户外广告文案的语言要简洁，诉求要明确。广告语的写作是户外广告文案的重中之重，用词一般不超过6～7个，通常只占一行，以便于受众在行进中阅读。另外，户外广告文案的内容应富有亲和力，同时注意传达品牌信息。

18.3　范文模板

第 19 章
网络广告文案

伴随着数字化技术的飞速发展，网络广告作为一种崭新的广告形式，迅速崛起。而且，随着以电子商务为代表的网络经济的进一步升温，网络广告在企业营销中的地位越来越高，价值越来越大。

网络广告，即通过网络广告投放平台在互联网上刊登或发布广告，并将其通过网络传递给互联网用户的一种新型广告运作方式。

根据表现形式的不同，网络广告可分为文字广告、图片广告两种类型。文字广告就是以文字超链接的形式出现的广告，一般放在网站和栏目的首页。图片广告以图片为表现形式，主要包括静态图片广告和动态图片广告两种。

除此之外，根据传播方式的不同，网络广告可分为基于E-mail的网络广告和基于网络媒介的网络广告；根据面积大小的不同，网络广告可分为按钮式广告、条幅式广告和大屏幕广告；根据网络广告相对于网页位置的不同，网络广告可分为弹出式广告、浮动式广告和内嵌式广告。

网络具有传统媒体不具备的许多优势，网络广告一经发布就可以传播到世界各地，可以让人随时随地浏览，同时还可以链接到其他相关网页以提供更多的信息。与传统广告相比，网络广告具有时效性强、成本低、信息更新速度快、传播范围广、传播对象的自主性强等特点。

由于网络广告基本上通过视觉来传达，因此其文案写作与印刷广告类似。但它同时又具有影视广告视觉传达的连续性、时间性、动画性等特征，以及通过点击、链接来实现的交互性、灵活性、实时性等特点。

然而，网络广告也具有其自身的局限性：由于形式缺乏美感、画面单调、版面较小、可供选择的广告位置不多，因此它难以表现复杂、生动的广告内容，且广告的艺术效果不佳，不易产生视觉上的冲击力和感染力。

19.1 写作格式

网络广告文案主要由标题、广告口号、正文和随文四部分组成。

1. 标题

标题，是指网络广告文案中的标志性文字，是对网络广告文案主题的概括。标题要意义明确、描述性强，要具有吸引力和震撼力。

网络广告文案标题的表现形式有很多种，如新闻式、诉求式、炫耀式、建议式、悬念式、问答式、标语式、否定式、注释式、陈述式、诗歌式、寓意式、比喻式、对比式、夸张式、对话式、假设式、故事式等。

2. 广告口号

在网络广告文案中，广告口号是其核心内容。网络广告文案的广告口号要简短易记，要独特而新颖。

从成功的网络广告文案的案例中总结经验发现，网络广告文案的广告口号往往是集标题、正文于一体的，或用简短的几个词组、几个字阐述诉求，或用有趣的词语诱惑受众，使其与之互动。

3. 正文

网络广告文案的正文，是指网络广告文案中对标题及广告主题进行解释的图形和文字，它是网络广告文案的主体部分。

正文的文字要简洁、明确，每句字数最好在10字左右，语言要开门见山，直截了当，切忌啰唆。文风要有亲和力，措辞要讲究，修辞手法要适当。在结构上要注意留有悬念，从而提升受众的兴趣与好奇心。

网络广告文案的正文是由图形和文字构成的，它们共同表达了网络广告的诉求。在网络广告的制作中，图形又称为图像。图形的制作，要能对文字作出进一步的视觉阐释，以实现广告的效果。图形的构思、色彩以及动态设计应当为文字服务，不能喧宾夺主。

4. 随文

随文又称附文，是网络广告文案中必要的附加说明，一般放在网络广告文案的最后部分。随文包括购买产品或获得服务的方法、权威机构的认证标志、与诉求对象联系的电话号码、公司的网址、品牌的名称与标志，可能还包括特别说明以及意见反馈表格。随文既可以直接说明，也可以委婉地以附言的形式出现。

网络广告中的随文一般通过超文本链接展示。

19.2　写作技巧

网络广告文案应服务于画面，应充分利用动画技术、字体大小等产生的视觉效果，来增强信息的表现力及趣味性。

网络广告文案的语言要简洁生动；要针对目标受众合理使用诉求方式，运用他们所熟悉的语气、词汇，从而增强其认同感；要根据受众的文化背景、喜好等选择合适的表达方式。

19.3　范文模板

CISCO SYSTEMS

你能找到突破口吗？试试看

CISCO SYSTEMS

这就是网络的力量

第20章
产品说明书

产品说明书是对产品的性能、构造、功能、使用方法、保养维护等内容进行说明或介绍的书面文字。产品说明书又称商品说明书、使用说明书。这些介绍和解说的书面文字，有的印在包装物上，有的则单页或成册印刷并装在包装物内。

产品说明书具有以下几个特点：

一、知识性。产品说明书都用较大篇幅将产品的有关知识介绍给消费者，以达到指导消费的目的。

二、实用性。产品说明书要围绕产品的结构、性能、特点、功用、使用方法、保养维护和注意事项等具有实用价值的内容来写。

三、科学性。产品说明书肩负着向读者传递知识性信息的任务，这就要求它必须写得准确、有科学性。产品说明书的内容应该实事求是，要能够使读者明白产品的结构、性能、特点、功用、使用方法等。

四、简明性。产品说明书常常是作为产品的附件出现的，常与产品一起包装。这就要求产品说明书必须篇幅短小，强调产品的特征，突出重点。

五、条理性。产品说明书一般按产品的使用操作步骤或其空间结构顺序来撰写。

产品说明书具有以下几个主要作用：

一、指导作用。消费者对于那些没有使用过的或者不常用的产品的结构、性能、使用方法等情况往往是不了解的，要想熟悉产品，熟练掌握产品的使用方法，唯一的办法就是读懂产品说明书。消费者只有按照产品说明书的要求操作，才能正确使用产品，确保自身的安全。因此，产品说明书对消费者的指导作用是直接的、现实的、不可替代的。它是厂家将产品信息传递给消费者的方式，也是厂家与消费者间接沟通的方式。

二、促销作用。产品说明书虽然要用朴实无华的语言，实事求是地介绍产品的综合情况，但是它无疑要介绍产品的长处和优势，只不过这种褒扬的分寸比较得体。在现实生活中有这样一种现象：一个人或一家人购买了某种品牌的产品，往往会影响其近邻甚至远亲也购买同一品牌的产品。这种现象的产生除了得益于产品的自身效果，产品说明书的介绍也功不可没。产品说明书的全面性和具体性是广告文案所不能及的。

三、资料价值。有时，人们如果不连续或不经常使用某种产品，时间长了就会遗忘产品的部分功能或使用方法，此时就需要重读产品说明书；有些产品在被使用了一段时间以后可能会出现故障，人们通过查阅产品说明书就能判断是否需要维修。同时，电器类、机械设备类产品说明书的附图是维修的重要依据。可见，妥善保管好产品说明书是必要的，以备日后派上用场。另外，从消费者的角度来说，对于一些常用的同类产品，可以通过阅读产品说明书进行比较，从中选择更加适合自己的产品。

产品说明书的应用广泛，类型多种多样，按不同的标准可有如下分类：

（1）按内容分类，可分为工业产品说明书、农产品说明书、金融产品说明书、保险产品说明书、网购产品说明书、音像产品说明书、口述产品说明书等。

（2）按形式分类，可分为条款（条文）式产品说明书、图表式产品说明书、条款（条文）和图表结合式产品说明书等。

（3）按语种分类，可分为中文产品说明书、外文产品说明书、中外文对照产品说明书等。

（4）按性质分类，可分为特殊产品说明书、一般产品说明书等。

20.1　写作格式

产品说明书的形式取决于它的内容。篇幅较短的产品说明书为了方便，通常直接印在产品或产品的包装物上，如包装纸、包装盒上；篇幅较长的产品说明书常装订成册放在包装物内，如家用电器的产品说明书。

由于有些产品的使用方法或操作方法比较复杂，因此其说明书除文字说明外，常附有图表、图例，有些图例还会被加以艺术处理，使产品说明书图文并茂，增强阅读的直观性，使消费者易于理解。

常见的产品说明书一般由标题、正文和落款三部分组成。

1. 标题

标题有以下三种写法：

（1）只写产品名称，这种写法常见于那些简单的产品说明书。

（2）直接写"产品说明书""使用说明书"。这种写法常见于印在产品或产品包装物上的产品说明书。

（3）采用产品名称加文种的写法，如"双黄连口服液说明书""多功能扬声电子电话机使用说明书"等。

如果产品属于国家有关部门批准许可生产的，还需要将批准部门的名称、文号、专利号等写在标题的上方或下方。

2. 正文

正文有以下三种写法：

（1）条款式，即采用分条列项的方式对产品进行介绍和说明。其优点是内容具体、层次分明、条目清楚。通常用于对简单产品的说明。

（2）短文式，即采用概括叙述的方式对产品进行介绍和说明。其优点是内容完整、表达连贯。

（3）复合式，即综合使用条款式和短文式的写法。其优点是表达清楚、内容全面，既能给人一个总体印象，又能让人了解具体内容。

某些结构复杂，需要向使用者全面、详细地进行介绍和说明的产品，由于要说明的事项过多，因此可以将说明书编成小册子，包括封面、标题、目录、概述、正文、封底等。

3. 落款

落款主要包括以下三个方面的内容：

（1）产品生产企业和经销商企业的全称，以及注册商标。其位置可以放在最后，也可以放在说明文字的前面。

（2）企业的地址。

（3）企业的联系方式。

20.2　写作技巧

在写作技巧方面，产品说明书的写作需要注意以下几点：

一、真实。真实是撰写产品说明书必须严格遵循的基本准则，也是《中华人民共和国消费者权益保护法》对产品说明书的最低要求。产品说明书要做到真实，就必须如实地介绍产品的性能、作用、操作程序、使用禁忌等，不虚夸，不遗漏，不隐瞒。

二、准确。产品说明书有极强的实用性，所以要准确、清楚地介绍产品信息，不能含混不清，模棱两可，让人不得要领。

三、通俗。产品说明书只有通俗才能让人易懂，否则，再真实、准确也无济于事。产品说明书要做到通俗，就要尽可能地避免出现普通百姓看不懂的专业术语，应使用普通百姓都认识的计量单位，总之，要以方便消费者为原则。

四、规范。产品说明书的写作要符合一定的标准，包含必不可少的说明项目。根据《中华人民共和国消费者权益保护法》规定，消费者有权了解产品的价格、产地、生产者、用途、性能、规格、等级、主要成分、生产日期、有效期限、使用方法、售后服务等情况。这些应为产品说明书写作的必备项目。

20.3 范文模板

××××产品说明书

1．概述

…………

2．技术特性

…………

3．结构特性

…………

4．工作原理

…………

5．使用和操作

…………

6．故障分析与排除

…………

7．维修和保养

…………

8．注意事项

…………

第五篇

事项类传播文书

事项类传播文书是各级机关、组织、团体、个人为配合一段时期内的任务或工作而使用的宣传文书。这类文书包括启事、声明、情况说明等。

第21章 启事

启事，即团体或个人向社会公开告知、说明事项的文书。启事或登载于报刊上，或在电视台、电台播放，或在公共场所张贴。启事的内容是需要让公众知道或者希望公众协助办理的事情。

启事通常要做到一事一启，文字要简明扼要，让人一目了然。读者、观众和听众是启事的接收对象，他们可以参与启事中所要求的事，也可以不参与，因为启事不具有强制性和约束性。由于其篇幅短小精悍，形式灵活，随着社会经济的发展，启事的使用频率越来越高，已成为经济生活中不可或缺的常用文书。

启事的适用范围很广，涉及社会生活的方方面面，因而有很多种类。按发文者类型可分为单位启事、个人启事和联合启事；按事情的缓急程度可分为常规启事和紧急启事；按内容可分为一般启事和专项启事。

启事有如下几个特点：

一、公开性。启事主要用于向社会公开陈述或说明某些事项，目的在于吸引公众参与。

二、广泛性。启事的内容广泛、形式多样，可以用于招生、招聘、寻人、寻物、征文、征婚、庆典、开业、商标的使用与更换等各种事宜。

三、求应性。启事不仅向社会告知一些事项，它还要求通过告知得到社会广泛的回应，以期解决问题。

四、自主性。由于启事不具有法令性和政策性，更不具有强制性和约束力，因此启事的接收对象可以选择参与或不参与启事中所要求的事。

五、简明性。启事常借助广播、电视、报纸、期刊等新闻媒体广为传播，如果内容过长，则受众会缺乏耐心。因此，启事一般应篇幅短小，内容简洁明确。

21.1 写作格式

不同类型的启事，其写法各异，但写作格式基本相同，一般由标题、正文、落款三部分组成。

1. 标题

启事的标题通常有三种写法：一是只写文种，即只写"启事"二字；二是由事由和文种组成，如"招聘启事"；三是由发文者、事由和文种组成，如"××××公司招聘启事"。

2. 正文

正文主要包括发布启事的目的、要求，启事的具体内容，发文者名称及联系方式等。启事的正文要求简洁明了，描述准确。

3. 落款

写明发文者名称和发文日期。有的启事还需要写明发文者的地址及联系方式等。以团体、单位的名义发布的启事，还应加盖公章。

21.2 写作技巧

通常，启事应做到一事一启，不能将几件事放在一起写。所写的内容务必真实，语言表述应当简明、准确。

除此之外，不同的启事，其写作的侧重点应有所不同。

1. 周知类启事

搬迁启事、更名启事就属于此类启事，发布这类启事的目的是让公众知道某件事情或某种情况。

2. 声明类启事

这类启事主要起明确法律责任的作用。当企业遗失营业执照或个人遗失身份证时，往往需要刊登遗失（作废）启事。解聘、授权等启事，也属于此类启事。

3. 寻找类/招取类启事

寻找类启事主要包括寻人启事和寻物启事；招取类启事主要包括招领启事等。寻找类启事要写清楚寻找的人或物的主要特征，走失或遗失的时间、地点等，如果可能，最好附上照片。必须注明联系方式，有时还要提供答谢方式。与寻人启事、寻物启事相对应的是招领启事，它不必写得很详细，写清楚认领方式即可，具体细节由遗失的一方提供，便于确认失主。

4. 征招类启事

这类启事在征稿、招聘时常用。撰写这类启事时，要写清楚征稿、招聘的目的、要求以及相关的报酬等。联系方式同样必不可少，还可以留下网址等，便于受众进一步了解情况，增加应征、应聘的兴趣。

21.3 范文模板

范文模板一：

××××报社招聘启事

本报经××××人才交流服务中心批准，需招聘资深编辑一名。条件如下：

1．男性，××岁以下，研究生毕业，有××年编辑工作经验者优先。
2．有本市户口。
3．身体健康，有较强的抗压能力。
4．个人出版过两部以上原创作品。

有意者请将自荐信、学历证书、简历、出版过的作品于××××年××月××日前寄至《××日报》经济部（邮编××××），并写清楚联系地址、电话。收到材料后，本报将于一周内通知面试时间。

联系人：×××

××××报社

××××年××月××日

范文模板二：

寻人启事

×××，女，20岁，身高1.6米，瓜子脸，肤白，大眼睛，气质高雅，身穿红色连衣裙，白色皮凉鞋。于××月××日离家，至今未归。本人若见到此启事，请尽快与家人联系。有知其下落者，请与××市××××大学××××系×××联系，或请与××市××××派出所联系。必有重谢。

联系电话：××××

联系人：×××

××××年××月××日

范文模板三：

征稿启事

在社会各界的大力支持下，××市××××公司成立××年以来得到了长足发展。为了记录××××最美瞬间，××市××××公司与××市摄影家协会联合举办"××××最美瞬间"摄影大赛。

具体要求如下：

一、征稿起止时间

××××年××月××日至××××年××月××日。

二、征稿资料

以××××为主题，取景于我市方方面面能反映××××的画面。

三、作品要求

1. 参赛作品必须是原创作品。

2. 参赛作品黑白（全色）、彩色均可。

3. 每幅作品不得小于3M，文件名称为"作品名称+姓名+联系电话"。一人参赛两幅作品的,将其打包压缩后投稿。

4．用简洁凝练的语言诠释作品内涵和拍摄制作技巧。

四、奖项设置

一等奖1名、二等奖2名、三等奖3名、优秀奖30名、入围奖100名,奖励设置分别为奖金2500元、1800元、800元和价值100元的公交卡1张、价值50元的公交卡1张。

五、稿件使用

主办单位对获奖作品拥有在媒体上发布和编印文集的使用权,使用时不另行支付稿费。

六、其他规定

1．参赛作品要求作者承担名誉权、肖像权、著作权等法律责任。

2．获奖作品在获得奖励后,其使用权归主办单位所有,主办单位能够自主将该作品用于展览、展示、出版等,不再另付稿酬。

3．凡投稿参赛者,即视为同意征稿启事的有关规定。

4．主办单位对投稿参赛者不回复、不退稿、不解释。

5．主办单位对大赛拥有最终解释权。

投稿邮箱:××××

主办单位:××市××××公司

承办单位:××市摄影家协会

××市××××公司

××××年××月××日

# 第 22 章 声　明

声明，是指公开表态或说明，用作名词时是指声明的文告，它是告启类文书的一种，是就有关事项或问题向社会表明自己立场、态度的应用文体。

声明可以在报刊上登载，也可以通过广播发表，还可以进行张贴。这里所说的声明主要包括两类：一类是当自己的某种合法权益受到侵害时，为维护自己的合法权益、引起公众关注，并要求侵权方停止侵害行为而发表的声明；另一类是在自己遗失了支票、证件等重要凭据或证明文件时，为防止他人冒领、冒用而发表的声明。

政党和国家的领导机关及其领导人、机关单位、社会团体、企事业单位、其他组织或个人均可发表声明。当声明满足特定条件时，便具有法律效力。声明人在声明上签字的行为被视为其对声明内容的全部认可，代表了其真实的意思表示。

22.1　写作格式

从写法和目的来看，声明与启事差别不大。然而，声明所告知的事项相较之下更为重要，而且声明的态度更严肃、语气更强硬。

声明通常由标题、正文和落款三部分组成。

1. 标题

标题的写法通常有三种：一是只写文种"声明"；二是由事由和文种组成，如"遗失声明"；三是由发文机关名称、事由和文种组成，如

"××××公司关于××××一事的声明"。

2. 正文

正文部分应简明扼要地写明发表声明的原因，并表明对有关事项的立场、态度。

3. 落款

落款包括发文者名称和发文日期。若发文者为单位，则应加盖公章；若发文者为个人，则应签字。有的声明在正文中有表明希望公众检举揭发侵权者的意思，在这种情况下，还应注明发文者的联系方式。

22.2 写作技巧

在撰写声明时，应注意以下三个方面：

1. 写出发表声明的原因

在写发表声明的原因时，要写明声明人对基本事实的认定。这是声明人表达自身立场和态度的基础，要写得准确、简洁。

如果授权律师发表声明，则律师在声明的开头一定要注明受谁的委托。

2. 表明声明人的态度

有时，声明人可以直接写出下一步要采取的行动。声明的写法要视声明的重点而定。如果重点在于澄清事实，则可以采取概述的方式；如果重点在于说明问题，则可以按照某个顺序逐步加以说明；如果重在于主张或申诉某项权利，则可以使该部分内容自成一段。若声明中提及需要他人协助，则应在文中或文末注明联系方式。

3. 尊重事实

声明的内容一定要真实，表述要简明扼要，用词要得体。在声明中，不可以侵犯他人的合法权益。

在声明的末尾，可以注明"特此声明"，以示强调，也可以不写。署名可以是单位，也可以是个人，但必须用真实的名称，不可以用化名，如果遇到重名的情况，则应特别注明。

22.3 范文模板

范文模板一：

遗失声明

本公司不慎丢失营业执照副本一份，代码为××××，增值税发票一本，号码为××××，以及公章、财务章各一枚。自登报之日起，声明作废。如发生其他事情，本公司概不承担任何责任。

××××公司
××××年××月××日

范文模板二：

声明

本律师作为××××有限公司的法律顾问，经授权声明如下：

××××有限公司是经中华人民共和国商务部批准、具有法人资格的外资企业。本公司自××××年成立至今，从未在××省境内等任何地方设立任何形式的办事处或其他分支机构。

凡未经本公司法人代表授权，在××省境内冒用、盗用本公司名义进行的任何形式的商务活动，包括签订的一切合同一律无效，由此产生的后果本公司不予承担。

本公司依法保留追究违法冒用、盗用者的法律、经济责任的权利。

特此声明。

××××律师事务所
×××
××××年××月××日

第23章 情况说明

情况说明，是当我们在工作中需要对自身状况或者其他方面的状况进行说明时使用的一种文体。比如，当单位或个人需要对某项工作或某个问题、某个事件向公众、有关部门或个人做出解释说明时，就需要写情况说明。

情况说明可用于个人，也可用于单位。用于个人时，是当事人就某个具体事件做出的说明；用于单位时，是相关单位就某个具体事件做出的说明。

大部分情况说明的专业性不是很强，但也有一些情况说明的专业性很强，比如财务情况说明、刑事案件和刑事诉讼中的情况说明等。

23.1　写作格式

情况说明有多种类型，比如事件情况说明、工作情况说明、学习情况说明等，其写作格式大同小异。情况说明一般由标题、称谓、正文、落款四部分组成。

1. 标题

标题居中，一般由事由和文种组成，如"关于××××的情况说明"，即简要阐述要说明的问题、事件。

2. 称谓

称谓非常重要，即要把这个情况向谁说明。

3. 正文

写正文时，要开门见山，直奔主题，不要拖泥带水。要把情况讲清楚，比如事情的起因、经过、结果，带来的影响和后果，以及自己想要表达的思想情感。在正文的结尾，要写上"特此说明"，这几个字一定不能省略，以表示自己的态度是认真的、端正的。

4. 落款

落款包括署名和发文日期。情况说明如果是以单位的名义发布的，则应加盖单位公章；如果是以个人的名义发布的，则应由个人签字。

23.2 写作技巧

如今，情况说明的使用范围不断扩大，受到的关注程度也越来越高。它对于回应舆论热点、传播正面信息、抵制谣言等具有积极意义，因此，撰写好情况说明十分重要。

情况说明如果表述得当，则可以及时解答疑惑、化解矛盾；如果表述不当，则可能引发更多的问题。在现实生活中，因表述欠妥而"抢占"媒体头条的情况说明屡屡出现，引发争议。所以，情况说明的写作，是一件必须严谨、慎重对待的事情。

1. 恰当命题

情况说明的标题一般多采用"关于××××的情况说明"的格式，便于受众直接知晓说明的事项，获知必要的信息，并决定是否进一步了解具体内容。如"关于我国××××行业标准化工作及相关机构的情况说明"这样的标题，简单明白，便于受众理解。

当然，情况说明的标题也可以灵活多变，采用"关于××××情况的专项说明""关于××××情况的公开说明""××××情况说明"等格式。有时，还可以在标题中加入发文单位名称。

2. 准确称谓

情况说明在有致送对象的情况下要写明称谓。比如，某个体工商户就丢失营业执照向当地市场监督管理局做相关说明时，其称谓应写明"××县市场监督管理局"；再比如，某工程公司因拖欠工资造成部分农民工集体讨薪，市政府要求该公司上报一份情况说明，则这份情况说明的称谓应写明"××市人民政府"。

如果是向领导报送的情况说明，如向局领导报送的情况说明，则其称谓可写为"尊敬的局领导"。

如果是面向公众发出的情况说明，则不需要写称谓。这种情况说明类似于情况通报，两者虽然在写法上有相似之处，但从传播心理学的角度来看，情况通报代表官方的立场，具有权威性；情况说明虽然往往也由官方发出，但具有平等性、亲和性，容易让人接受。

3. 实事求是

在写情况说明时，除财务情况说明、刑事案件和刑事诉讼中的情况说明等具有特殊要求外，多数情况说明并无特殊要求。但一般情况下，情况说明都应包括背景介绍、事实经过、处理措施等几项内容。

其中，详述事实经过是情况说明必不可少的内容，要如实地把事件发生的时间、地点、参与者，以及事件的起因、经过、结果等交代清楚。这部分内容要求实事求是，尊重事件的本来面貌，并突出其中的主要问题和主要矛盾。

4. 需有落款

情况说明的文后均要有落款，落款应包括署名和发文日期。一般情况下，情况说明如果是以单位的名义发出的，则需要加盖公章，以表明其真实性；如果是以个人的名义发出的，则应由个人签字。

23.3 范文模板

范文模板一：

家庭困难情况说明

××××：

我叫×××，家住××××，在××××担任××××一职。家中有××口人，妻子无业在家，没有收入，女儿仍在求学阶段，全家人仅靠着我××××元的微薄收入省吃俭用地过日子。我的母亲年老体弱，常年卧病在床，父亲犯有严重的××××，每月的医药费高达××××元，这已大大超出了我的工资收入，因此，我只有靠着亲戚朋友的资助才得以维持基本生活，至今还欠朋友××××元。妻子天天以泪洗面，父母双亲的状况也越来越糟糕，生活的压力几乎压垮了我们一家人。

值得欣慰的是，我女儿×××于××××年考入××××大学××××专业。由于知道家里的困难，女儿收到录取通知书后，在看到每年的学费高达××××元的时候打算放弃学业，早日出来工作，为家里分担压力。但俗话说"再穷不能穷教育"，我四处借钱终于把孩子送入了学校。孩子是我们的希望，即使生活再艰苦，我们也要让孩子上完学，这是一个父亲应负的责任。正是由于女儿上了大学，女儿的学费、生活费等各种压力也随之而来，我仅有的收入更是无法维持最基本的生活。所幸女儿也明白家里的难处，在学校省吃俭用，勤工俭学，为我分担了一些压力，也为家里分担了一些压力，这份孝心，天地可鉴。

为了让女儿安心地完成学业，特向××××申请助学补助，恳请批准。

特此说明！

×××

××××年××月××日

范文模板二：

关于××××资料原件损毁的情况说明

××市××区××××中心：

××××年××月××日，我误把××××公司、××××公司的××××资料原件混入复印件，将其与复印件一起用粉碎机粉碎。因这两家公司未取得××××支持，不方便再麻烦公司签字盖章，因此只能将这两家公司××××资料的电子文件打印成纸质文件存档。

我对本次失误进行了深刻反思：一是在粉碎文件前，要先确认该文件是否为要粉碎的文件；二是一定要记得把需要存档的文件及时放入存档区，确保以后不再有此类情况发生。

特此说明！

×××

××××年××月××日

第六篇

电子社交类传播文书

在当前的社交活动中,手机短信、博客、电子邮件等成为人们沟通交流的重要方式。尤其是文秘人员,他们需要每天处理大量的电子邮件,通过各种各样的电子社交类传播文书完成工作任务。在撰写电子社交类传播文书时,应遵循一定的写作规范和写作要求。

第24章 手机短信

手机短信是用户通过手机直接发送或接收的文字或数字信息，是现代人进行沟通交流的一种方式和手段。

从技术层面分类，手机短信可分为三大类：第一类是文字短信息（SMS）；第二类是加强型短信息（EMS），它是将文字、图片、声音相结合的一种短信；第三类是多媒体短信息（MMS），也称彩信，除了传递文字信息，它还可以同时传递包含图片、声音、视频等在内的多媒体信息。

手机短信具有以下几个特点：

一、移动性强。手机短信服务支持国内和国际漫游业务，是名副其实的全球移动数据服务。它使人们实现了随时随地随心所欲收发信息的愿望，再也不用受制于时间和空间。

二、收发便捷。通过手机短信，人们可以在最短的时间内传递或获取最新信息。

三、趣味性强。电视、报纸的传播方式是单向的，人们只能接收信息，无法与之互动；而手机短信则是一种双向的多媒体信息传输方式，这在一定程度上加强了传播的趣味性。

四、价格便宜。手机短信不但能提供种类繁多的海量信息，而且价格非常便宜。

24.1　写作格式

手机短信一般由主题、正文两部分组成。

1. 主题

主题，即拟写短信所要说明的问题、发表的主张、反映的生活现象，或要抒发的情感，它是通过正文内容表达出来的基本观点、中心思想或某种情感。

2. 正文

正文是短信的主体部分，是对主题的深化和说明。正文的体裁多样化，可根据不同的主题选用不同的体裁，如童话、寓言、诗歌、散文等。

24.2　写作技巧

手机短信的写作技巧主要体现在以下几个方面：

一、主题突出，内容健康。一般情况下，手机短信分为礼节性的（如问候、祝愿、庆贺等）和交流性的（如一般意义上的交流和联络等），在编辑手机短信时一定要明确写作目的，或表达祝福、问候，或交代事情，要做到心中有数。表达祝福、问候的手机短信要情感真挚，交代事情的手机短信要语言简明。

二、情真意切。手机短信的表达要情真意切，如此才能打动人。

三、句式整齐，构思精巧。精彩的手机短信应句式整齐，且要有精巧的构思，只有这样才能让人过目不忘。

四、简明得体。一条手机短信不超过140个字节，也就是不超过70个字。因此，在编辑手机短信的时候应注意语言简洁。另外，手机短信的内容要充分考虑收信人的身份、年龄，发信人与收信人的关系，以及发短信的目的、时间等，要做到有礼貌、表述得体。

24.3 范文模板

范文模板一：

（给恋人或爱人）

你是云，没你的天空是单调的；你是雨，没你的季节是枯燥的；你是花，没你的山坡不再拥有美丽；你是水边丽人，没你的我不再拥有呼吸！

范文模板二：

（给母亲）

有一种日子叫漂泊；有一种生活叫流浪；有一种情愫叫思念；有一个佳节叫中秋。花开花谢，云卷云舒，人情冷暖，奋斗不易！我想家，我想妈妈！

范文模板三：

（给朋友）

匆匆一别，谁知难相见。热切的期盼，久久的思念，融入衷心的祝愿。祝我的朋友在新的一年里身体健康，万事如意！

第 25 章 博 客

　　博客的定义包含了三个方面：一、它是以网络为载体，简易便捷地发布自己的心得，及时有效地与他人进行交流，集丰富多彩的个性化展示于一体的综合性平台。二、它是一种受人欢迎的网络交流方式。三、它可以是个人针对某个事件记录下来的想法或心得；也可以是针对某个主题或在某个共同领域内由一群人集体创作的内容。

　　博客具有以下几个特点：

　　一、操作简单。这是博客受众多网民青睐的最大的原因。操作简单主要体现在两个方面，一方面是博客的申请注册流程较为简单，另一方面是博客的写作运营较为简单。

　　二、持续更新。只有通过不断更新，博客才能体现出它的生命力。如果用户申请注册了博客，但他十天半个月也不更新一次，那么这样的博客就被称为"睡眠博客"。

　　三、开放互动。网络赋予了博客开放性，这意味着博客不再是一个单纯的私人空间。博客的开放性更多地体现在博主与游客的沟通和交流上。游客给博主评论或留言的同时，博主定期进行回复，并通过链接网址进行回访，以此实现他们之间的交流。

　　四、展示个性。博客的创作没有固定模式，日志内容、博客界面、文章数量、日志分类、人气指数等均可以体现出博主的个性。

25.1 写作格式

博客一般由标题、正文两部分组成。

1. 标题

博客的标题要新颖、有吸引力，以引起读者的阅读兴趣。

2. 正文

一般情况下，博客的正文多采用包括文字、图片、音频、视频等在内的多媒体形式进行表现。在撰写时，一定要使文章生动有趣、有悬念，以刺激读者点击阅读全文。

25.2 写作技巧

标题阅读是网络阅读的主要方式之一。一个博客标题的最高境界在于，能用最准确的字词来表达最精确的内容，最好能用一句话概括文章的全部内容。在撰写博客时，要在标题中提及关键词和热点，但不要哗众取宠，更不要做"标题党"。

每篇文章不宜过长，也不宜过短。要多用短句，少用长句；多用主动语态，少用被动语态；尽量使用常见的、通俗易懂的、没有歧义的字词，避免使用难以理解的专业词汇。

25.3 范文模板

一路走来：态度决定一切（节选）

从踏入大学到现在将近两个春秋，大学两年的学习生活和进入工作室学习Java的这一两个月，对我来说感悟颇多。

大一做学工办助理的时候，辅导员就告诉我："求上居中，求中居下。"所以每次不管做什么事情，我都严格要求自己，老师要求做到八分的事情，我要努力做到十分。

大一上学期在汉语语言课上，老师让我们以小组为单位合作背诵一首诗经并加以讲解。同学们都希望找到一首比较短的、比较容易的背诵，我却要求自己找最长的、最难的去背。上课那天，当我背到一半时，老师就准许我可以不背完，说："这么长，能够背下来真的很不错，我相信你。"老师对我的肯定就是我前进的动力。

不要成为证书的奴隶，学习是为了提升自己。

....

很多同学也都报考了计算机二级，英语四、六级，但到头来完全裸考，结果可想而知。也许很多同学认为考这些证书没用，不要为自己找借口，既然没用，你又何必第一次考不过，还要去考第二次呢？既然是不可避免要去做的事，我们就认真去对待，一次做好，何必要抱着一种散漫的态度去花费那么多的时间、精力、金钱去考那么多次呢？所以首先这就是态度的问题，你完全没有认真去对待它，完全没有意志去把它做好。你总是口头上说"我要过计算机二级，英语四、六级"，但你却从没为它付出过努力，最后你有什么资格抱怨别人过了你却没过？不要抱怨，因为过了的人都是有意志、付出了努力、认真对待过的人。没有什么事是一蹴而就的，都是需要付出努力的。有句话是，说得好不如做得好。有时候，我们能够把自己说的做到了，那就是不平凡，那就是伟大。

....

当然，身处大二的我，不如意的事也遇到了不少，但我不会去抱怨，因为路是自己选的，只有尝试了，我才知道对与错。社会上存在很多的不公平，但物竞天择，适者生存，不适者被淘汰，自己的人生掌握在自己的手中，不要过多地去抱怨社会。我们只须尽其所能地做好每一件我们想要做的事。

这只是一个初出茅庐的黄毛丫头在学习编程中的一点小小感悟，还希望大家能够指点并给出一些宝贵意见来引领我们这一批新手。

（本文引自51CTO博客作者YL1057445319的原创作品）

第 26 章 电子邮件

电子邮件是应用最广的互联网服务之一。通过电子邮件系统，用户可以以非常低廉的价格和非常快速的方式，与世界上任何一个角落的网络用户联系。电子邮件有文字、图像、声音等多种形式，同时，用户可以得到大量免费的新闻、专题邮件，并轻松地实现信息搜索。电子邮件因其自身具有使用简单、传递迅速、收费低、易于保存等优势而被广泛地应用，它极大地改变了人们的交流方式。

电子邮件具有以下几个特点：

一、传递速度快。电子邮件通常在数秒内即可发送至全球任意位置的收件人的邮箱中，其使用比电话通信更为高效、快捷。如果收件人在收到电子邮件后的短时间内作出回复，那么发件人收到回复时往往仍在计算机旁工作，收发双方交换一次简短的电子邮件就像进行一次简短的会话。

二、信息多样化。电子邮件发送的内容除普通文字信息外，还可以是软件、数据信息，甚至可以是录音、动画或各类多媒体信息。

三、收发方便。与电话或普通信件不同，电子邮件采取的是异步工作方式，它在高速传输的同时允许收件人自由决定在什么时间、什么地点接收和回复。发件人在发送电子邮件时不会因占线或收件人不在而耽误时间，收件人也不需要固定守候在线路的另一端，可以在自身方便的任意时间、任意地点接收电子邮件，从而超越时间和空间的限制。

四、成本低。电子邮件最大的优点在于其通信价格低廉，用户只要花费极少的市内通话费用就可将重要的信息发送到远在地球另一端的用户手中。

五、交流对象更为广泛。同一个信件可以通过网络极快地发送给指定的一个或多个用户，甚至召开网上会议进行讨论，这些用户可以分布在世界各地，且发送速度与地域无关。与其他任何一种互联网服务相比，使用电子邮件可以与更多的人进行通信。

六、安全。电子邮件是高效可靠的，如果目的地的计算机正好关机或暂时与互联网断开，则电子邮件会每隔一段时间自动重发；如果在一段时间内无法递交，则电子邮件会自动通知发件人。

26.1 写作格式

电子邮件一般由收件人、主题、称谓、正文、落款、附件六部分组成。

1. 收件人
应写明收件人的电子邮箱。

2. 主题
在电子邮件中，主题有标题的作用，它存在的目的是方便收件人了解邮件内容并将其区别于其他邮件。电子邮件的主题要明确、精练，与内容相关，应写出收件人需要了解的信息。

3. 称谓
电子邮件的称谓多取决于收件人与发件人的关系，如"×××同学""×××先生""×××总经理""××××公司"等。称谓要准确，切不可含糊不清。

4. 正文
在写电子邮件的时候，首先要写寒暄语。寒暄语与普通信件的写法类似，简单的如"你好"或者"您好"等，复杂的如"承蒙您的关照……"等。

在正文中应注意表达清楚写作目的，文字应简洁明了。为使正文表达得更加清楚，可以采用图片、表格等辅助形式。

正文的结尾处一般会写上致敬的话，其格式与普通信件的格式类似。

5. 落款

落款处应署上公司名称、个人姓名与职务，以及发邮件的日期。

6. 附件

如果有附件，如文档、图片、音频、视频等，则可以通过附件的形式传送。需要注意的是，附件不能以文件夹的形式传送，必须以单个文件的形式传送。若有多个文件需要传送，则可以采取压缩文件夹或分别传送每个文件的方式进行传送。

26.2　写作技巧

在写作电子邮件时，特别是在写作商务电子邮件时，不能使用模棱两可的字或词，以免产生歧义，延误对方的时间或造成纠纷。

电子邮件是一种简短的信息载体，在写作时应力求简洁、明快，文字切记不能冗长，但不能因为简短而影响内容的清晰表达。

不同的邮件主题与内容，最好使用不同的结束语。

26.3　范文模板

收件人：××××@163.com

主题：会议邀请信

尊敬的杨先生：

　　您好！

　　省每年一届的××××交流会议定于10月28日（星期三）上午9：00在××××饭店举行，为期一天。您作为××××公司多年的××××总监，是从事××××研究的专家，我们真诚地邀请您在会议上做60分钟的发言，建议发言内容为××××。19：00至20：00，会议将安排酒会，便于各位专家交流。

衷心希望您能接受这次的邀请，并尽快给我们回音。

会议联系人：×××

联系电话：××××

恭祝

万安！

　　　　　　　　　　　　　　　××××研究中心主任：×××

　　　　　　　　　　　　　　　××××年××月××日